Theodor Pisling

Germanisierung oder Czechisierung?

Ein Beitrag zur Nationalitätenfrage in Böhmen

Theodor Pisling

Germanisierung oder Czechisierung?
Ein Beitrag zur Nationalitätenfrage in Böhmen

ISBN/EAN: 9783743339507

Hergestellt in Europa, USA, Kanada, Australien, Japan

Cover: Foto ©ninafisch / pixelio.de

Manufactured and distributed by brebook publishing software (www.brebook.com)

Theodor Pisling

Germanisierung oder Czechisierung?

Germanisirung oder Czechisirung?

Ein Beitrag

zur

Nationalitätenfrage in Böhmen.

Leipzig und Heidelberg.
C. F. Winter'sche Verlagshandlung.
1861.

Die Wiege des religiösen Kampfes Deutschlands ist in neuester Zeit auch der Schauplatz des Kampfes geworden, der im 19. Jahrhunderte die Rolle jenes des 16. Jahrhunderts übernommen zu haben scheint, wir meinen des bisher allerdings unblutigen, aber nicht **obzwar**, sondern gerade **weil** auf geistigem Gebiete auszukämpfenden, desto gefährlicheren **nationalen** Kampfes. — Die Brandfackel der nationalen Bestrebungen ist hieburch, wenn wir von Schleswig-Holstein absehen, zum ersten Male auf deutsches Bundesgebiet geschleudert worden.

Schon darum verdient die czechische Bewegung eine eingehendere Betrachtung, die ihr bisher in Deutschland aus Gründen nicht zu Theil geworden, die einerseits mit der allgemeinen Unterschätzung dieser Bewegung zusammenhängen, andererseits aber aus dem Umstande entspringen, daß man in Deutschland, mehr auf **historische** Thatsachen zurückblickend, als gegenwärtige Ereignisse würdigend, oder gar in die Zukunft schauend, sich überhaupt bei der Betrachtung der, deutschen Interessen drohenden, Gefahren sich, wir möchten sagen, gewohnheitsgemäß immer lieber von **traditionellen Motiven**, als von solchen leiten ließ, die eben erst ans Tageslicht getreten. Es liegt dieser an Sorglosigkeit streifenden deutschen Art, gründlich besorgt zu sein, aber keineswegs ein allzu großer Optimismus zu Grunde, sondern sie hängt vielmehr mit jener durch die vielstaatige Organisation bedingten Schwerfälligkeit zusammen, die überall zu Tage tritt, wo von Deutschland als einem politisch Ganzen die Rede ist. Sowie in Deutschland keine von **ganz Deutschland** zu unternehmende That früher vollbracht werden kann, bis die ihr zu Grunde liegende Idee in jedem einzelnen der deutschen Bundesstaaten Wurzel gefaßt, ebenso wird auch eine Besorgniß erst dann eine **allgemeine deutsche**, bis sie in allen jenen Staaten erwogen und getheilt wird. Freilich wird während dieses Processes eine solche Besorgniß, wenn sie endlich allerwärts in Deutschland das Bürgerrecht erlangt hat, entweder erst gleichzeitig mit der bereits hereingebrochenen Gefahr, durch die sie ohnehin überall erweckt worden wäre, eine allgemeine oder eine **überflüssige**. So sind denn jetzt gewohnheitsgemäß, nachdem in einigen deutschen Staaten die Unempfänglichkeit für eine solche Besorgniß endlich besiegt, und diese überall das Bürgerrecht erlangt, die Blicke aller deutschen Patrioten nach der Westgrenze des Reiches gerichtet, und **Derjenige** gilt für keinen richtigen Deutschen, der sich nicht der traditionellen Gespensterseherei anschließt und nicht ein- für allemal in Frankreich den Erbfeind erblickt. Unterdessen spielt sich, ohne daß in dieser Richtung in Deutschland noch eine ernste allgemeine Besorgniß Platz gegriffen, wahrscheinlich weil die eben erst hereinbrechenden Gefahren keine traditionellen sind, und weil unsere Patrioten wohl erst von so und so vielen Dutzenden Duodez-Regierungen vorher die Erlaubniß einholen müssen, ob sie — **besorgt sein dürfen**, unterdessen spielt sich im Osten des Vaterlandes ein Drama ab, in welchem alle jene Gefahren für die Ehre und Unabhängigkeit unseres Namens, die man bisher von Frankreich nur — **fürchtete**, deren Hereinbrechen aber nun bald seit einem halben Jahrhundert vergebens erwartet wird, bereits leibhaftig in Scene gehen und deren nächster Schauplatz — wir wollen hier nicht von den Gefahren überhaupt sprechen, von welchen das Deutschthum in Oesterreich bedroht wird — ein Theil und zwar ein durch deutsche Cultur blühender Theil deutschen Bundesgebietes selbst, deren Schauplatz die höchstentwickelte Provinz Oesterreichs — Böhmen ist.

Nun muß es doch aber, glauben wir, dem echten und aufrichtigen Patrioten ebenso wichtig sein und ihn zu derselben entschlossenen und einmüthigen Gegenwehr auffordern, das Vaterland werde an den östlichen oder an den westlichen Grenzen, es werde von Czechen oder von Franzosen bedroht und angegriffen. Zwar werden uns Diejenigen, welche die czechische Bewegung unterschätzen, erwidern, der Kampf, der sich in Böhmen entwickelt, sei zu unbedeutend, um die Wachsamkeit von ganz Deutschland in Anspruch zu nehmen, die czechischen Nationalitätsbestrebungen seien zu sehr das Product einer erhitzten Phantasie, sie gehören zu sehr in die Welt der Illusionen und Selbsttäuschungen, um jemals auf einen praktischen Erfolg rechnen zu können, auch sei der Schauplatz, auf welchem die czechische Nationalität sich jetzt zu regen anfange, ein rings von deutscher Cultur umfluthetes Binnenland, so daß ein dauernder Widerstand gegen das Vordringen des deutschen Culturelementes, geschweige denn ein Sieg über dasselbe allen Lehren der Weltgeschichte, allen Entwicklungsgesetzen der Civilisation widersprechen würde und somit als unmöglich von der Hand zu weisen sei.

Unsere Betrachtung wird uns zwar später zu einer genaueren Erörterung dieser Behauptungen, die in gewisser Beziehung in der That auch die unsrigen sind, führen; ja wir räumen schon jetzt gern ein, daß nicht nur alle Theorien, sondern auch alle bisherigen Erfahrungen für den Sieg des Deutschthums in Böhmen sprechen; allein was sind Theorien, was sind Erfahrungen der Vergangenheit gegen die unerbittliche Logik der Thatsachen? Die aufgestellten Behauptungen kommen so lange zur Geltung, als es sich nur um geistige Kämpfe handelt; sobald der Kampf zu materiellen Mitteln greift, so ist es — wenigstens für den nächsten Erfolg im Gegensatze zu dem von diesem gewiß verschiedenen künftigen letzten Erfolge — nicht mehr das Recht der Idee und die Macht der Wahrheit, sondern nur noch die Gewalt des Stärkeren, welche die Schlacht entscheidet. Der Nationalitätenstreit in Böhmen hat aber bereits den Charakter eines materiellen, wenn auch, wie bemerkt, bisher unblutigen Kampfes angenommen, und in diesem Kampfe war auch der Sieg in neuerer Zeit auf Seite der Czechen. — Allein nicht dieser Umstand allein war es, der uns zu dem Versuch veranlaßte, durch diese Betrachtung die Aufmerksamkeit Deutschlands auf die Nationalitätenbewegung in Böhmen zu lenken. Es leitete uns vielmehr auch noch ein höherer Gedanke.

Wir glauben nämlich, daß die Geltendmachung des Nationalitätsprincipes in Böhmen eine Feuerprobe zu bestehen haben wird. Dieses Probirfeuer wird aber auch zugleich beleuchtende Streiflichter auf das Wesen der Nationalitätsbestrebungen überhaupt werfen, und diese dürften, weil solche Unterscheidungen bei der Betrachtung der Bewegung in Böhmen nothwendig sein werden, zu schärferen Distinctionen bei der Beurtheilung der Nationalitätsideen überhaupt und darum auch zu einer größeren Klarheit in der Beurtheilung dieser führen. Die nationale Bewegung in Böhmen muß von zwei Gesichtspunkten aus betrachtet werden, erstens von dem **objectiv-kosmopolitischen**, zweitens von dem **subjectiv-individuellen**. Bei der Betrachtung der Nationalitätsbestrebungen vom objectiv-kosmopolitischen Gesichtspunkte tritt uns vor Allem jene Begriffsverwirrung entgegen, über welche die Nationalitätsbestrebungen der Neuzeit überhaupt noch nicht herausgekommen, und die dahin führt, daß **Mittel** und **Zwecke** vielfach verwechselt, und ein, einem **dritten**, außerhalb beider liegenden **Ziele**, untergeordnetes Verhältniß zwischen beiden geschaffen wird.

Das dritte, außerhalb beider liegende Ziel ist etwas nicht leicht Definirbares, zu welchem die in Bewegung gerathenen Nationalitäten und Nationalitätsfragmente instinctiv geleitet werden, dessen Wesen aber zwischen zwei Extremen schwankt, nämlich zwischen dem Mitmachen einer von einem sich ennuyirenden Tonangeber, sei es zum Amusement, sei es zur Erreichung eines tiefer liegenden egoistischen Zweckes, hervorgerufenen **Mode**, oder dem — Umsturze der gegenwärtigen Weltordnung.

Welches dieser beiden Extreme nun auch das Wesen des Endzieles der gegenwärtigen Nationalitätsbestrebungen ausmachen möge, so viel ist gewiß, daß die Mittel und näheren Zwecke der in Rede stehenden Bestrebungen jenem dritten Endziele untergeordnet sind. Lernen wir zuerst Das, was bei den Nationalitätsbestrebungen in Böhmen Mittel, was Zweck, und welches das Verhältniß zwischen beiden sei, kennen. Im Strombette der national-czechischen Bestrebungen laufen zwei Strömungen neben einander, welchen, je nachdem hiedurch der raschere Verlauf gefördert und die Erreichung des dritten Zieles beschleunigt werden kann, abwechselnd die Rolle des Mittels oder des Zweckes vindicirt wird; ja Dies geht so weit, daß zu gleicher Zeit der Provinz gegenüber dieselbe Strömung als Mittel bezeichnet wird, welche in demselben Augenblicke dem Staate Oesterreich respective der Regierung gegenüber als Zweck vorgehalten wird, und umgekehrt.

Diese beiden, den Czechen abwechselnd als Mittel oder Zweck geltenden, Strömungen sind einerseits die Zurgeltungbringung des **Racenprincipes**, das sie als Zweck: Wahrung der Nationalität nennen, und welcher die in diesem Falle als Mittel zu betrachtende Aufrichtung eines national-böhmischen Staatsgebäudes auf historischer Grundlage respective die „Wiederherstellung der Rechte der böhmischen Krone" als Mittel dienen soll; andererseits das Streben nach Verwirklichung der **politischen** Nationalitätsidee, die, in der eben angeführten Beziehung nur als Mittel bezeichnet, den Czechen gleichfalls als Zweck erscheint, welchem die in diesem Falle wieder zum Mittel herabsinkende Zurgeltungbringung des Racenprincipes dienen soll.

Das dritte höhere Endziel, zu welchem diese beiden Strömungen wieder nur als Mittel führen sollen, ist die Verwirklichung der, eine Suprematie über das Deutschthum anstrebenden, separatistischen Tendenzen, welche politisch in der Regenerirung der in dem Begriffe: „Rechte der böhmischen Krone" ausgedrückten ehemaligen staatsrechtlichen Stellung Böhmens, social aber in der systematischen Czechisirung dieses Landes ihren Ausdruck finden sollen.

Die Beurtheilung jenes Endzieles und der Möglichkeit oder Unmöglichkeit seiner Erreichung wird sich aus immer näherer Untersuchung der beiden gedachten Strömungen und Strebungen von selbst ergeben. —

Es ist in der That wahr, daß sich die beiden Bestrebungen der czechischen Nationalen, nämlich die politische sowohl, welche auf Wiederherstellung des alten böhmischen Staatsrechtes zielt, als die ethnographische, welche den Schutz der Race gegen Einflüsse von außen bezweckt, sich unterstützend zu einander verhalten; aber es ist ebenso wahr, daß ohne Sophistik die Thatsache nicht weggeleugnet werden kann, daß sich diese beiden Bestrebungen zugleich hindernd im Wege stehen und daß gerade in diesem Dualismus ein Theil der Klippe liegt, welche sich der Erreichung des Hauptzieles, nämlich der separatistischen Hegemonie des Czechenthums in Böhmen, darbietet.

Es ist wahr, daß, wenn es möglich ist die „Rechte der böhmischen Krone" wieder herzustellen, dann dem Czechenthum kraft dieser Rechte die Mittel geboten werden, das Maß der Autonomie beliebig auszudehnen, im Lande zu schalten und zu walten, und durch forcirte Hervorkehrung aller eigenen nationalen Eigenthümlichkeiten, durch künstliche Pflege des eigenen Idiomes und durch Unterbrückung oder Minirung des zweiten Idioms sowie dadurch, daß seinen Trägern die Möglichkeit geraubt wird, auch ihre nationalen Eigenthümlichkeiten hervorzukehren, es dahin zu bringen, daß der czechische Nationalcharakter hinreichend gewahrt erscheine. Ebenso wahr ist es, daß, wenn mit aller Kraft auf die Entwickelung der Race, auf ihre Wiederbelebung, wo sie abgestorben erscheint, hingearbeitet wird, und durch Schaffung neuer künstlicher, mehr oder weniger äußerlicher Eigenthümlichkeiten und Unterscheidungszeichen sowie durch Aufnahme aller Jener, die bisher über ihre eigene Abstammung in Zweifel gewesen oder durch den Vortheil zur Ablegung eines falschen nationalen Glaubensbekenntnisses verleitet worden, in den nationalen Verband, zum Zwecke der Vergrößerung desselben, — daß, sagen wir, durch solche Mittel eine künstliche breitere Basis für die politischen Nationalitätspostulate geschaffen wird, welche der Regierung gegenüber, für die es allerdings schwierig ist, hier den Kern von der Schale zu unterscheiden, geltend gemacht werden kann.

Die Logik begehrt aber, ja gebietet die Berechtigung auch eines andern Raisonnements. Die Logik kann nämlich ebensowenig eine Verwechselung von Begriffen als das Hineinziehen eines in den Kreis des andern zugeben. Logisch ist es nicht möglich, das Nationalitäts=

princip der zweiten Nationalität des Landes gegenüber in anderer Weise als dem Gesammtstaate gegenüber zur Geltung zu bringen und diese beiden verschiedenen Arten und Weisen zur gegenseitigen Unterstützung benützen zu wollen. — Die Logik verlangt hier nicht blos ein Entweder — Oder, sondern sie verlangt auch, daß, wenn die eine oder die andere der beiden Bestrebungen als die wirkliche, das heißt auch von der Bevölkerung getheilte erkannt und bezeichnet wird, daß nicht blos die eine oder die andere Consequenz derselben, sondern daß alle Consequenzen in Betracht gezogen werden, da nur aus der Summe dieser die Zukunft und darum auch die Berechtigung der Bestrebungen beurtheilt werden kann.

Geht nun das Streben der Czechen auf die Wahrung der Raceneigenthümlichkeiten hinaus und soll dieser die politische Bestrebung nur als Mittel dienen, so folgt aus der Absonderung der eigenen Race oder, um dieses Wort zu umgehen, der eigenen Nationalität auch die Anerkennung der zweiten Nationalität, diese wird sich aber gegen das politische, zur Erhaltung der czechischen Raceneigenthümlichkeiten in Anwendung zu bringende Mittel, nämlich die Wiederherstellung der Rechte der böhmischen Krone, gegnerisch verhalten müssen, weil dieses großartige Mittel nicht in richtigem Verhältnisse zu der jedenfalls untergeordneteren Bedeutung des Zweckes stehen und für die Interessen des Deutschthums gefährlicher werden könnte, als selbst der erreichte Zweck.

Geht aber das Streben der Czechen wirklich nur auf das politische Ziel, die Regenerirung des böhmischen Staatsrechtes aus und soll dieses durch den Hinweis auf die czechische, sich in der Majorität befindende Race unterstützt werden, so dürfte dieser Hinweis eben wiederum nur zu dem Gegentheile von Unterstützung führen. Das Streben der Czechen auf Wiederherstellung der „Rechte der böhmischen Krone" ist insofern ein natürliches, als hieburch die angestrebte Zurgeltungbringung der politischen Nationalität ihren staatlichen Ausdruck finden würde; die politische Nationalität würde dann als Das erscheinen, als was eine berechtigte Nation erscheinen soll und muß: als Inbegriff von Volk und Regierung. So definirt auch Julius Fröbel[*]) den Begriff der Nation: „Die Nation ist das politisch organisirte Volk, also das Volk sammt seiner Regierung."

Allein gerade der Umstand, daß die Czechen in Böhmen nicht nur die einzige und herrschende Nationalität nicht sind, was sie durch die Berufung auf die Race und die hieburch zugegebene Aner-

---

[*]) J. Fröbel, Deutschland, Oesterreich und Venedig, München 1861, S. 36.

kennung der zweiten Race eingestehen, sicht bereits die Berechtigung eines Postulates an, das auf eine staatsrechtliche Geltendmachung ihrer politischen Nationalität abzielt.

Aus alledem ist ersichtlich, wie schwach die Pfeiler sind, auf welche die Czechen selbst ihre Bestrebungen stützen, und wie groß das Dilemma ist, in das sie bei ihrer Beweisführung gerathen, aus welchem sie, da es ihnen selbst nicht fremd ist, wie wir später sehen werden, durch einen neuen Ausweg herauszukommen suchen, der aber an Unwegsamkeit den bisher eingeschlagenen zum Ziele führen sollenden Wegen Nichts nachgibt und dessen Einschlagung mit nicht minder großen, ja unübersteiglichen Hindernissen verbunden ist. — Doch prüfen wir vorerst die eben namhaft gemachten beiden Bestrebungen! Da wir nachgewiesen zu haben glauben, daß beide streng von einander getrennt und geschieden werden müssen, so müssen wir auch die Prüfung getrennt vornehmen, um so mehr als auch die Kriterien verschieden sind, bei der mehr **ethnographischen** Bestrebung nach möglichster Wahrung der Raceneigenthümlichkeiten nämlich das **Verhältniß** der beiden Nationalitäten **zu einander** in Betracht gezogen werden muß, während wir die politische Bestrebung nach Regenerirung der einstigen staatsrechtlichen Stellung Böhmens nach dem **wirklich vorhandenen Bedürfnisse** beurtheilen müssen.

Fassen wir zunächst die **ethnographische** Seite der Bestrebungen ins Auge.

Wenn wir uns in dem Chaos der jetzt an allen Ecken und Enden wie Pilze aufschießenden Nationalitätsbestrebungen auch nur ein klein wenig orientiren wollen, so müssen wir dieselben eintheilen in **berechtigte** und **unberechtigte**, das heißt in solche, welche eine Bürgschaft für ihre **Zukunft in sich tragen**, und solche, die **keine Zukunft haben können**. — Es ist selbstverständlich, daß wir bei dieser Eintheilung von der subjectiv-individuellen, wir möchten fast sagen sentimentalen Beurtheilung der Nationalitätsbestrebungen ganz absehen; denn von diesem Standpunkte aus betrachtet sind alle Nationalitätsbestrebungen **gleich** berechtigt, die deutschen, italienischen sowohl wie die magyarischen, czechischen, slovakischen, russinischen, warum nicht auch die zigeunerischen Nationalitätsbestrebungen? Wir haben sie jedoch, wie wir eingangs erwähnten, von einem andern Gesichtspunkte aus zu beurtheilen.

Wir leben nun einmal im Zeitalter des Nivellements. In der ganzen civilisirten Welt, namentlich in den hochcivilisirten Theilen von West- und Mitteleuropa sind die Massen zu Wasser und zu Lande in einer tagtäglich Millionen umfassenden Völkerwanderung und -Wandelung begriffen. Da wird immer und immerfort von ganzen Nationen Frembes assimilirt, das charakteristische Eigene aber an allen Ecken und Enden abgeschliffen. Wir nähern uns zum Beispiele in Deutschland, England, Frankreich und Nordamerika immer mehr einer völligen Uniformität in jedweder Aeußerlichkeit, sei es nun in Tracht, Haar- und Bartwuchs, Speise, Trank u. s. w. Ein Pariser unter= scheidet sich äußerlich durch Nichts von einem Berliner oder Londoner, und höchstens der prüfende Blick eines maitre-tailleur oder Perrücken= machers vermag noch einen Unterschied zu entdecken. — Der National= charakter verräth sich nur durch die Sprache, bleibt aber übrigens im inneren Menschen verschlossen und sucht für seine Thätigkeit kein anderes Gebiet als das Reich der Ideen; der Gedanke sich auch äußerlich kenntlich zu machen liegt ihm fern.

Welcher Gegensatz zu dem weniger oder gar nicht cultivirten, von den Bahnen des Verkehrs nicht durchfurchten europäischen Osten und Südosten, oder gar dem Orient mit seinem bunt costümirten Völkergewimmel und Völkergetümmel! Dort die größte Uniformität, die z. B. in Bezug auf die Tracht im schwarzen Frack und Pantalons ihren Ausdruck gefunden, hier die bunteste, schillerndste, tausendfaltige Verschiedenheit der Gewänder in Farbe und Schnitt! Dort drei Haupt- und Cultursprachen, die ein von 200 Millionen Men= schen bewohntes Sprachterritorium vollständig beherrschen, hier eine unzählige Menge von Idiomen mit meist nur höchst unbedeutenden Culturkeimen, die oft ihre Angehörigen nur nach Tausenden zählen.

Wir sehen, und wir könnten diesen Satz auch durch Hunderte von Belegen unterstützen: die Cultur, die Civilisation ist eine Gegnerin der schroffen ethnographischen Nationalitäts= idee, und die separatistische Action dieser exclusiven Nationalitätsidee steht dem Fortschreiten der Cultur und Civilisation feindlich gegenüber.

Hier zeigt sich nun am Klarsten der Gegensatz zwischen den großen compacten cultur- und darum auch zukunftsfähigen Nationen und den kleinen zerbröckelten, zur Production selbst= ständiger Cultur nicht geeigneten Völkerfragmenten. Dem Fran= zosen ist es gleichgiltig, in welcher Tracht sich Jemand auf den Boulevards von Paris zeigt; ist sie zu herausfordernd, so entlockt sie ihm höchstens ein „C'est drôle"; — der Czeche beneidet förmlich den Polen um seine Föderatka, den Magharen um seinen Attila und Kalpak, und seitdem endlich auch eine czechische Nationaltracht er= funden worden, ist ihm, wenn er sich gleich darüber zu äußern schämt, jeder Besucher einer „Beseda" ein Dorn im Auge, der nicht „Camara" und „Topanken" trägt.

Die großen europäischen Culturnationen, Italiener, Franzosen, Engländer und Deutsche, legen, eben weil sie **mächtig, compact und civilisirt** sind, dem nivellirenden, ausgleichenden Elemente der fortschreitenden Civilisation kein Hemmniß in den Weg, wohl wissend, daß der Contact des Fremden und Neuen mit dem Heimischen und Hergebrachten auf den Entwickelungsgang der Nation nur **befruchtend** wirken kann und höchstens das Kleid, die **Schale**, nicht den innersten **Kern** der Nationalität zu verändern vermag.

Der Deutsche, Italiener, Franzose oder Engländer kann getrost die halbe Welt bereisen und noch so viele Sprachen sich zu eigen machen, ohne daß man hiedurch von ihm etwas Anderes als Bereicherung seines Geistes zu erwarten brauchte. Seiner Natur, seiner Muttersprache wird er doch nie und nimmer abtrünnig werden, er wird bei einem Tausche nie zu gewinnen glauben können, und wenn er hundert Sprachen spräche, er würde stets, wenn er ein Deutscher, stolz darauf sein, die Sprache Schiller's und Goethe's, wenn ein Brite, die Sprache Shakspeare's und Byron's, wenn ein Italiener, die Dante's und Petrarca's seine Muttersprache nennen zu dürfen, und würde stolz darauf bleiben, einem der vier großen welt- und zukunftbeherrschenden Culturvölker anzugehören.

Ganz anders verhält es sich mit den kleinen, in sich nicht geschlossenen Nationalitäten, die wie die czechische ein in ethnographischer Beziehung vielfach unterbrochenes und zersplittertes Territorium bewohnen, zumal wenn zugleich wie bei der czechischen der Contact mit einer auf höherer Culturstufe stehenden, entwickelteren, numerisch zahlreicheren und compact organisirten Nation unvermeidlich ist.

Solche Nationalitäten, eben weil sie schwach sind und sich schwach wissen, weil sie gewissermaßen instinctiv fühlen, daß sie über kurz oder lang der **Absorption** und **Assimilation** in ein **mächtigeres** Culturganze unerbittlich verfallen werden, sind nothwendiger Weise exclusiv gegen alles **Fremde**, das sie **scheuen**, gegen jeden **Fortschritt**, den sie **fürchten**. Sie möchten am liebsten Alles vertilgen, was wenngleich ohne Absicht naturgemäß ihre nationale Aeußerlichkeit — auf die sie so großen Werth legen, legen müssen, weil sie wohl fühlen, daß sie im besten Falle nur diese werden erhalten können — verletzen könnte; sie möchten sich, da sie zur **positiven** Abwehr zu schwach, wenigstens **negativ** wehren, sich absperren, ihr Land gern physisch und geistig mit einer chinesischen Mauer umgeben und verbarrikadiren, damit nur ja kein Luftzug von außen das morsche

Gebäude ihrer Nationalität in Trümmer werfe. — Sie legen eine Nationaltracht an und uniformiren sich gewissermaßen auf diese Weise als **Rettungscorps ihrer eigenen Nationalität**, oder kennzeichnen sich durch diese Tracht eben nur aus naiver Aeußerlichkeitssucht. Ist eine solche traditionelle Nationaltracht nicht schon vorhanden, so wird, wie Dies bei den Czechen der Fall war, das Modejournal zu Hilfe genommen und Männer von der Feder treten mit Männern von der Scheere zusammen, um nach genauen vergleichenden Studien anderer slavischer Trachten eine passende „czechische Nationaltracht" zu entwerfen, was in der That auch gelungen ist. Freilich darf man sich dann auch nicht wundern, wenn man, durch dieses Beginnen mißtrauisch gemacht, von demselben auf die Natur der anderweitigen Mittel schließt, welche die Nationalitätsbestrebungen und ihre **Zurschantragung**, um die es sich zunächst handelt, fördern sollen, und wenn man dann zu dem vielleicht übereilten Urtheile gelangt, diese Bestrebungen seien „gemacht." Die Träger solcher Bestrebungen lassen sich gewöhnlich, wenn es angeht, behufs des Schutzes, ihre Nationalität von der Regierung patentiren und legen als **Patentzeichen die Nationalfarben an.**

Kömmt solchen Nationalitäten nun der Umstand zu Hilfe, daß eine absolutistische und centralistische Regierung denselben Gelegenheit zum Martyrthum für ihre vermeintliche „gute Sache" bietet und durch Druck Gegendruck erzeugt, wie Dies die österreichische, **nicht im Interesse der Cultur** — dazu hätte es anderer Mittel bedurft — sondern im **Interesse der Uniformität**, seinen zwei Dutzend Bruchstücknationalitäten gegenüber durch so lange Zeit gethan hat, so ist Dies freilich für so **fortschrittsfeindliche** Nationalitäten Wasser auf die Mühle und fast **die einzige Constellation, unter der eine längere als die natürliche Dauer ihres Scheinlebens** möglich war und ist.

Das zuletzt Gesagte findet freilich seine buchstäbliche Anwendung auf die Mehrzahl der Nationalitäten Oesterreichs, mit besonderer Ausnahme der der deutschen Nationalität ebenbürtigen italienischen, ganz besonders jedoch auf das czechische Volk. Die **ethnographischen, auf Geltendmachung und Verbreitung der Race gerichteten nationalen Bestrebungen scheinen uns nicht blos, sondern sind**, wenn wir über die Erscheinungen einer aufgeregten Uebergangsperiode hinaus in die allerdings vielleicht noch **ferne Zukunft** blicken, sind fruchtlos; die Zukunft des Czechismus, nicht die wahrscheinliche, sondern die gewisse, wenn auch, wie gesagt, vielleicht noch ferne, ist die **Germanisation!**

Noch vor wenigen Jahren, in der Zeit der polizeilichen Bevormundung, des bleiernen bureaukratischen Druckes, der auf allen Nationalitäten Oesterreichs zu Gunsten des „deutschen" Administrationsjargons lastete, wäre diese Behauptung eine verfrühte gewesen, denn die Kraft des niedergehaltenen Gegendruckes, die in einem geeigneten Momente dennoch hätte aufschnellen können, hätte sich kaum berechnen lassen. Heute, wo Oesterreich als centralisirter Staat in seine Atome zerfällt, um sich als Föderativstaat zu regeneriren, heute also, wo nicht mehr zu viel, sondern eher zu wenig regiert wird, wo mithin die natürlichen Verhältnisse wieder ihre freie Wirkung zu äußern beginnen, heute ist unsere Behauptung nicht nur nicht verfrüht, sie ist auch nicht gewagt, sondern kann geradezu als apodiktisch betrachtet werden. — Freilich um jene stille, langsame, aber um so sichrere Action der natürlichen Verhältnisse in ihrem Wirken zu belauschen und die unausbleiblichen zukünftigen Folgen derselben zu berechnen, dazu gehört mehr als die oberflächliche Art der Beurtheilung, durch welche, wie Dies von czechischer Seite geschieht, ein absurdes, sich auf vorübergehende Tagesereignisse und Constellationen transitorischer Natur gestütztes Raisonnement zu Tage gefördert wird, hierzu gehören vielmehr jener Scharfblick und jene Beobachtungsgabe, die gewohnt sind, die Dinge und Thatsachen nicht von der Oberfläche her, sondern aus ihrem innersten Kerne und Wesen heraus zu erklären und zu beurtheilen. Darum müssen eben so das Czechenthum in seinem Verhältnisse zu den Nationalitätsbestrebungen der verwandten slavischen Familienglieder und die Tragweite dieser so wie sein Verhältniß zu der zweiten, deutschen Nationalität des Landes, endlich die Macht der letzteren und die Natur auch ihrer Bestrebungen einer Untersuchung unterzogen werden. Dann erst ist es möglich, zu dem von uns bereits ausgesprochenen Resultate zu gelangen, sowie zu der Berechtigung es auszusprechen, die uns von unseren Gegnern nicht zugestanden werden möchte, wenn wir sie nicht durch eine sine ira et studio geführte Untersuchung beweisen wollten. Wer die Dinge nach ihrem äußeren Anscheine beurtheilen wollte, der würde dem Czechismus gerade heutzutage eher eine nationale Wiedergeburt als ein Aufgehen ins Deutschthum prognosticiren zu sollen glauben. Bemerkt man nicht aller Orten gerade jetzt unter den Czechen eine wahrhaft fieberhafte Regsamkeit und Thätigkeit? Wird nicht gerade jener Weg eingeschlagen, der zu einer systematischen Untergrabung des deutschen Elementes führen soll, nämlich die Czechifirung der Schulen; werden nicht schleunigst über Hals und Kopf zwei Drittel der Volksschulen, Mittelschulen und Gymnasien czechisch organisirt? Ist nicht nach dem

Geständnisse des Statthalters die Gleichberechtigung bereits so weit durchgeführt, daß von deutscher Seite schon Klagen eingelaufen? — Wird nicht den Oberrealschulen auch rein deutscher Bezirke das Czechische als obligater Lehrgegenstand octroyirt? Wird nicht das Czechische als Lehrsprache bereits am Polytechnicum für alle, und an der Universität für einige Fächer, gewiß zum großen Frommen Beider, mit haarsträubender Eile eingeführt? — Ist nicht ein Heer von Uebersetzern gerade jetzt eifrigst damit beschäftigt, über Nacht alle die zahllosen Schätze deutscher Wissenschaft wie exotische Pflanzen in den leider etwas steinigen Boden ihres Idiomes zu übersetzen, aus den selbstgeschaffenen unsterblichen Werken deutscher Denker und Gelehrter Lesebücher und Tractätlein für die czechische Jugend zu excerpiren, wozu ihnen die Slavisten ihrerseits eiligst die passende Terminologie auf Bestellung anzufertigen haben? Hört man nicht auf der Straße, auf den Promenaden, in Concerten und Bällen mitunter „ganz ordentliche Leute", ja „feines Publicum" ostentativ und demonstrativ in der Nationalsprache conversiren, was gewiß viel sagen will, da es unter den meisten dieser neuen Patrioten und neugebackenen Czechomanen noch vor zwei Jahren als „schlechter Ton" gegolten hätte, sich in gebildeter Gesellschaft der „Muttersprache" zu bedienen? Sind nicht die Garçons in den Cafés und Restaurants nun wohl dressirt, die Gäste auch „czechisch" zu bedienen? Liegt in diesen Localen nicht eine Reihe neu entstandener czechischer Journale, auch humoristischer und illustrirter auf? Werden nicht deutsche Firmenschilder mit czechischen vertauscht? Sieht man nicht an den Straßenecken czechische Annoncen? Führen nicht eine Reihe Prager Handlungshäuser ihre Buchhaltung czechisch und möchten dieselben nicht auch ihre Correspondenz czechisch führen, wenn man die Briefe nur auch in den etwas weiter als wenige Stunden von der Landeshauptstadt entfernt gelegenen Handelsplätzen verstände? — Wird nicht im Stadttheater wöchentlich einmal, im Sommer zweimal, in der Vorstadt aber sogar täglich czechisch Theater gespielt und werden nicht in den Zwischenacten „Brezel neugebackene", „Würstel warme" und „Bier frisches" auch in czechischer Sprache ausgerufen?

Sollte man aus alledem nicht die Ueberzeugung gewinnen, die Czechifirung sei in Böhmen im besten fortschreitenden Gange? —

Wer aber den Dingen tiefer auf den Grund zu sehen pflegt, der wird bald eines Andern belehrt werden, und gerade durch dieses auf äußerliches Zurschautragen gerichtete Streben unwillkürlich an das letzte Aufflackern einer Flamme vor ihrem endlichen Erlöschen gemahnt werden.

. Die Czechen sind ein kleiner, wenn auch durch den immerwährenden Contact mit dem Deutschthum verhältnißmäßig hochentwickelter Bruchtheil der slavischen Völkerfamilie, mit welcher er aber weder in geistiger, d. h. literarischer oder politischer, noch in materieller, das heißt geographischer Verbindung steht. Die slavische Völkerfamilie hat im Ganzen in Bezug auf den Entwicklungsgang der Menschheit nie eine bedeutende Rolle gespielt, auf den Bahnen des geistigen Fortschrittes haben wir sie nie als Bannerträgerin erblickt. Wo wir die Slaven auf der Arena der Weltgeschichte handelnd auftreten sehen, da erblicken wir sie nirgends als Träger oder Repräsentanten einer selbstständigen originellen Cultur= erzeugung, wie etwa die Italiener, Engländer, Franzosen und Deutschen. Weder auf dem Gebiete der großen weltbewegenden Entdeckungen und Erfindungen, noch auf dem der Kunst, Wissenschaft und Literatur ist der Slave selbstthätig und productiv aufgetreten, überall hat er nur Frembes oder auch nur dessen äußere Form ohne den inneren geistigen Inhalt recipirt, imitirt und copirt, und als reinste Repräsentation des Slavismus erblicken wir gegenwärtig ein großes autokratisch regiertes, durch französische und deutsche Tünche von außen civilisirt erscheinen= des, nach innen aber asiatisch=barbarisches Reich, das gar oft wie ein Alp auf der fortschreitenden Entwickelung Europa's lastete. — Ein großer Hemmschuh, ja ein nationales Unglück für die slavischen Stämme muß es genannt werden, daß sich dieselben nie zur Heraus= bildung einer allgemeinen slavischen National= und Schriftsprache zu erheben vermochten, wie Dies schon in früherer Zeit bei den europäischen Culturvölkern der Fall war. Italien, Deutschland, England und Frankreich zählen je Hunderte von provinziellen Dialekten, was jedoch der Entwickelung dieser Völker darum keinen Eintrag thut, weil eine National= und Cultursprache existirt, die jedem Angehörigen, namentlich jedem Gebildeten der Nation verständlich ist und dem Fremden, ab= gesehen von den Schätzen der Literatur, durch die Größe des ihm dadurch erschlossenen Sprachterritoriums zu ihrer Erlernung anspornt. Das Russische, Polnische, Czechische, Ruthenische, Slovakische, Wallachische, Croatische, Slavonische, Raizische, Serbische, Russinische, jedes dieser wohl mit einander verwandten, aber doch von einander höchst ver= schiedenen Idiome — alle nur mit höchst bescheidenen und unbedeuten= den, das Gepräge der Nachahmung an der Stirn tragenden Literatur= anfängen ausgestattet, von denen jedes noch überdies der Erlernung ungeheuere Schwierigkeiten darbietet, jedes einzelne dieser Idiome, sagen wir, hat seine eigene Grammatik und Schriftsprache. Der Fremde, der aus Verkehrs= oder sonstigen Gründen slavische Länder bereist, sollte also für Prag czechisch, für Krakau polnisch, für Czernowitz ruthenisch, für Agram croatisch, für Moskau russisch lernen u. s. f.

Das ist offenbar nicht zu fordern, um so weniger, als z. B. der Czeche selbst, der doch Slave ist, kein russisches, und umgekehrt der Russe kein czechisches Buch zu lesen oder zu verstehen im Stande ist. Was ist nun die Folge? Da Czechen, Russen, Croaten, Serben und Ruthenen denn doch heutzutage auch öfter so wie andere Menschen= kinder in die Lage kommen zu reisen, oder doch mit dem Ausländer brieflichen Verkehr zu unterhalten, und da sie nirgends, selbst nicht bei den andern verwandten slavischen Nationalitäten auf das Ver= ständniß ihrer eigenen Muttersprache zählen können, so sind sie ge= nöthigt, sich eine oder die andere Weltsprache je nach den besonderen Verhältnissen zu eigen zu machen. Wir haben in dieser Beziehung noch den Slavencongreß in Prag in gutem Gedächtnisse, auf welchem es doch nur verwandte slavische Nationalitäten, respective deren Vertreter gab, die sich bei der Geltendmachung ihrer Bestrebungen immer= während und unaufhörlich auf ihre Verwandtschaft und Zusammen= gehörigkeit beriefen, auf welchem Congresse aber dennoch eine solche babylonische Sprachenverwirrung herrschte, daß man zur **deutschen** Sprache als Auskunftsmittel greifen mußte. Sobald er nun einer höhern, nicht an der Scholle klebenden Gesellschaftsclasse angehört, muß der **Czeche deutsch, der Russe und Pole französisch, der Südslave italienisch** lernen; hierauf ist auch Das zurückzu= führen, was man so oft von dem besondern Sprachentalent der Slaven fabeln hört. Die Nothwendigkeit ist eine treffliche Sprachmeisterin. Für den Slaven ist die Kenntniß einer fremden Cultur= und Schrift= sprache, der er darum mit großem Eifer obliegt, eine solche; für den Franzosen oder Deutschen ist sie nur ein **geistiger Luxusartikel**. Die ganze gebildete Welt Moskaus oder Prags wird perfect französisch oder deutsch sprechen, in Paris oder Berlin dürfte man aber mit Schwierigkeit, außer Philologen vom Fach, einen Franzosen oder Deutschen finden, der sich mit Leichtigkeit russisch oder czechisch aus= zudrücken wüßte.

Ist nun aber die Sprache das wesentlichste Hauptmerkmal der Nationalität, und ist eine Nationalität, die neben ihrer eigenen eine andere Sprache absolut nöthig hat, also von dieser abhängig ist, schon an und für sich nicht mehr **intact**, so ist hiermit eigentlich bereits das Urtheil über ihre Zukunft als Race gefällt.

Aus Dem, was wir hier über die sprachliche Verwandtschaft der Czechen mit den übrigen slavischen Nationalitäten gesagt haben, erhellt, daß wenig Aussicht auf das einstige Zusammenfließen dieser Nationalität mit den übrigen slavischen Nationalitäten zu einer großen slavischen Masse vorhanden sei, und daß diese Rücksicht auf das Slaventhum als Ganzes und Großes nicht gebieterisch genug ist, um die Erhaltung der czechischen Race und die Opfer, welche deshalb gebracht, die Mittel, welche für diesen Zweck in Scene gesetzt werden sollen, zu erheischen; ebenso erhellt aber auch daraus, daß die Berufung auf die Verwandtschaft nicht maaßgebend sein kann, weil letztere, um der Racenbestrebung der Czechen als Grundlage zu dienen, wie wir gesehen haben, zu lose und locker ist; das Verhältniß der Czechen zu den andern verwandten slavischen Nationalitäten steht mithin ihrer Germanisirung nicht im Wege. Es erübrigt, um unsere Betrachtung über die eine Seite der nationalen Bestrebungen, nämlich das Bestreben der Czechen nach Geltendmachung des Racenprincipes, zum Abschlusse zu bringen, nur noch ein näheres Eingehen auf ihr Verhältniß zur zweiten Nationalität des Landes. Wir haben die czechische Nationalität nicht mehr intact genannt. Drei Achtel der Bevölkerung Böhmens sprechen nämlich nur Deutsch und die übrigen fünf Achtel gut Czechisch und mehr oder weniger gut Deutsch. Ja wenn wir ausgesprochene gebildete Czechen in ihrem Gespräche unter einander, wo sie doch sich nach Herzenslust ihrer Muttersprache bedienen können, belauschen, so bemerken wir, daß sie unter einander, besonders wenn sie in eine eifrige Conversation gerathen, abwechselnd Czechisch und Deutsch oder ein mit einer solchen Menge von Germanismen gemischtes Czechisch sprechen, daß der Hörer glauben könnte, sie sprächen nur in czechisch accentuirten oder czechisch flectirten deutschen Worten. Die untersten Classen der czechischen Bevölkerung sprechen allerdings unter einander nur Czechisch, rabebrechen aber das Deutsche so weit, um sich ihren deutschen Brodherren und den in ihrer Nähe ansässigen Deutschen gegenüber verständlich zu machen. Die Czechen der österreichischen Monarchie aber werden auch stets zehn- und zwanzigfach von den sie umgebenden Deutschen abhängig sein und bleiben, in wissenschaftlicher, socialer und commercieller Beziehung, und je mehr die Communicationsanstalten der Neuzeit dem deutschen Culturelemente den Weg in das Herz des Landes bahnen, desto mehr wird und muß die ohnehin, trotz des czechischen Anstriches, den, wie oben bemerkt, in neuerer Zeit so Manches in Böhmen vorübergehend erhalten, bereits **halb vollbrachte** Germanisation des Landes fortschreiten. Die Hemmungen, welche einige von wahrem oder falschem Enthusiasmus begeisterte Parteiführer der czechischen Nation, **nicht die Nation selbst**, dem Werke der Germanisation entgegensetzten, werden sich als ohnmächtig erweisen gegenüber der ruhigern, mächtigern Gewalt fortschreitender **Civilisation und Cultur**, welche in Böhmen wie in ganz Oesterreich **gleichbedeutend sind mit Germanisation**.

Germanisirung oder Czechisirung?

Diese Ansichten, welche wir nun noch zu begründen haben werden, dürften freilich Manchem aus dem Kreise jener Nationalitätsfanatiker, die jetzt in dem Fiebertraume leben, Böhmen sei ein czechisches Land, und in diesem Wahne durch die von ihnen selbst producirten äußern Erscheinungen bestärkt werden, das Blut in die Wangen treiben und ihm als Verrath an der czechischen Nationalität erscheinen; allein ebenso wenig wie wir irgend Jemandem eine unangenehme Stunde bereiten wollen, ebensowenig möchten wir uns einer verrätherischen Darstellung der Verhältnisse in Böhmen schuldig machen, ganz abgesehen davon, daß es für die Betrachtung des mächtigen Einflusses, welchen das Deutschthum auf Böhmen ausgeübt, gegenwärtig ausübt und auch in Zukunft ausüben wird, nicht erst des allerdings verwerflichen Mittels bedarf, das, vom sentimentalen Standpunkte aus betrachtet, gleichfalls berechtigte czechische Element zur Folie herabzudrücken. Im Gegentheil, wir möchten in unsern Behauptungen, vor welchen, trotz manchen Körnchens bitterer Wahrheit, der eifrigste jedoch wahrheitliebende Czeche nicht zurückzuschrecken braucht, gern, und wir betonen Dies, den Standpunkt absoluter Objectivität bewahren.

Das deutsche Element war bisher in Böhmen, theils durch natürlichen Causalnexus, theils durch Octrohirung von Seiten der Regierung, das weitaus präponderirende. Jeder Czeche, der halbwegs auf Bildung Anspruch machen wollte, mußte Deutsch sprechen können, und eben hierdurch fiel für den deutschen Nachbar die Nothwendigkeit weg, sich das czechische Idiom anzueignen, ungefähr so, wie der Franzose im Allgemeinen keine fremde Sprache lernt, weil er gewiß sein kann, das Verständniß seiner Muttersprache überall anzutreffen. Dem Czechen, welcher verlangt, daß auch die deutsche Jugend zur Erlernung des Czechischen verhalten werden solle, kann der Deutsche getrost erwidern, daß diese Forderung eine unberechtigte sei, da auch er (der Deutsche) von keinem Czechen verlange, daß er das Deutsche erlerne; wenn der Letztere das deutsche Idiom sich dennoch zu eigen macht, so ist Dies nicht die Folge eines von irgend einer Person ausgehenden Zwanges, sondern die Folge der Einsicht, daß ihm die Erlernung des Deutschen Vortheil bringe und deshalb ihm nothwendig sei. Von der Regierung wurde das deutsche Element aller Orten gepflegt, obschon anderseits freilich von ihr gerade jenes Mittel außer Acht gelassen wurde, welches mit Bestimmtheit und ohne einen so heftigen Widerwillen hervorzurufen zu der Germanisirung hätte führen müssen, deren sie jetzt von den Czechen „angeklagt" wird, wir meinen die Adoptirung und Pflege echt deutscher Bildung, echt deutschen Geistes, echt deutscher Wissenschaft. So bildete sich denn bei den Czechen wie bei den übrigen Nationalitäten des Reiches, welche, mit Ausnahme der italienischen, ihre Sprache immer mehr und mehr zum Verständigungsmittel nur der untersten und uncultivirtesten Volksschichten herabsinken sahen, das bittere Gefühl des Unterdrücktwerdens und der Glaube aus, es werde nur einer günstigern Constellation bedürfen, um ihrer Sprache zu dem Flor und zu der Bedeutung zu verhelfen, in deren ungestörtem Besitze sich die deutsche in Böhmen wie im übrigen Oesterreich nun schon seit geraumer Zeit befand. Das Gefühl der Unterdrückung war ein vollkommen wahres und begründetes; der sich an dasselbe knüpfende Glaube aber an die Wiederbelebung des an sich nicht Lebensfähigen und größtentheils Abgestorbenen war ein irriger, ein Wahn, wenngleich ein edler Wahn!

Sehen wir nicht täglich, wie das Kleingewerbe schwindet, um dem Großgewerbe Platz zu machen, wie oft eine einzige Fabrik die einzelnen gleichartigen, selbstständig gewesenen Productionskräfte auf zehn Meilen in der Runde absorbirt? So und nicht anders ist es der unerbittliche, sich tausendfach bestätigende Zug der Geschichte, daß kleine zersplitterte Sprachen- und Völkerfragmente im Contact mit einem entwickelteren und compacteren Völkerganzen stets von letzterem assimilirt werden. Der oberflächlichste Kenner der Geschichte weiß ja, daß aus solchen Amalgamirungsprocessen gerade die mächtigsten und hochcultivirtesten Nationen Europas, die deutsche selbst, die französische, die italienische, namentlich die englische hervorgegangen sind.

Der Philosoph wie der Geschichtschreiber werden die gegenwärtige Bewegung der Czechen so wie der übrigen nichtdeutschen Nationalitäten Oesterreichs, denen allen die Idee der Emancipation vom Germanenthum zu Grunde liegt, vom Standpunkte eines großartigen und berechtigten Experimentes zu beurtheilen haben. Von der italienischen Nationalität kann Dies natürlich nicht gelten, da dieselbe durch hohe Entwicklung in Sprache und Literatur und höchst ausgedehnte Sprachgrenzen der deutschen völlig ebenbürtig erscheint. Im Gegensatz zu Dem, was in andern Kronländern geschah, hat die Regierung denn auch in Oesterreichisch-Italien von jeher fast gar keinen Germanisationsversuch gemacht, da sie das Verfehlte und Undurchführbare eines solchen Beginnens gar wohl einsah.

Wir nannten die gegenwärtige Bestrebung der Czechen ein berechtigtes Experiment. Das ist es auch vollständig in dem Sinne, wie ein Sohn berechtigt ist, an dem Leben einer geliebten Mutter auch dann noch nicht zu verzweifeln, wenn auch schon die Aerzte und alle Uebrigen sie für rettungslos verloren erklärt und alle Hoffnung aufgegeben haben.

Es sind diese Bestrebungen auch andererseits ein Experiment und zwar ein solches, dessen Fehlschlagen mit mathematischer, ja apodiktischer Gewißheit prophezeit werden kann, weil sein Gelingen den Lehren der Geschichte und den Grundprincipien der Menschheitsentwicklung ins Gesicht schlagen würde. Darin bestand eben die bodenlose und nicht genug zu beklagende Verkehrtheit des früheren Regierungsprincips, daß die Regierung, wie auf allen andern Gebieten eine grundsätzliche Gegnerin der Freiheit, ihren weniger entwickelten Völkern selbst die Freiheit des Experimentirens auf dem Gebiete der Sprache und Nationalität raubte, welche gerade die eigenen Regierungstendenzen am Entschiedensten hätte fördern müssen. Die Regierung und, sagen wir es offen, ganz Europa hatten und haben noch heute hundert Gründe, eine fortschreitende Germanisirung zu wünschen, die allerdings weder mit den Waffen noch mit Decreten gefördert werden kann und keineswegs gleichbedeutend mit der straffen Centralisation ist, bei welcher noch immer das Deutschthum in Oesterreich zu Grunde gehen könnte. Die Regierung muß, trotz aller jetzt üblichen Phrasen vom Gegentheil, die Germanisation wünschen; denn wird dieses Problem nicht doch endlich über kurz oder lang gelöst, so hat Oesterreich damit seinen Mangel an Beruf, die Trägerin der Cultur nach Osten zu sein, an Berechtigung zur Großmacht und zum Großstaate auf das Glänzendste bewiesen, es hat — abdicirt. Ein Oesterreich mit seinen gegenwärtigen babylonischen Verhältnissen in Schrift und Sprache könnte nie ein wahrer Staat werden und könnte höchstens als politisches Experiment des Wiener Congresses sein Dasein fristen. Europa aber muß die Germanisation wünschen, denn es weiß, daß in Oesterreich überall, wie wir es schon früher ausgesprochen, mit Ausnahme von Oesterreichisch-Italien, Germanisation gleichbedeutend ist mit Civilisation.

Hätte man nun nicht dem lieben Gott ein klein Wenig ins Handwerk pfuschen wollen, hätte man nicht einen sich mit Naturnothwendigkeit vollziehenden welthistorischen Proceß durch ungeschickt gewählte Mittel zu unterstützen gesucht und dadurch seinen Verlauf, statt ihn zu fördern, gehemmt, hätte man die Gleichberechtigung und Freiheit von jeher heilig geachtet, hätte man von jeher alle die kleinen und großen Völkerfragmente Oesterreichs in Dem gewähren lassen, was ihnen mit Recht das Liebste und Theuerste auf Erden sein mußte, so hätten wir, wie paradox es auch klingen mag, heute ein einiges, starkes und auch ein deutsches Oesterreich! Wäre die deutsche Sprache den Völkern Oesterreichs nicht mit beleidigender und ungestümer Zudringlichkeit octroyirt worden, hätte man auf diesem Gebiete wenigstens der Versuchung widerstanden, die Vorsehung der regierten und administrirten Völker spielen zu wollen, nie, nie hätte sich in den Herzen der nicht deutschen Völker jenes Natterngift des tödtlichen Deutschenhasses eingesogen, dessen Aeußerung, mit der Erhebung der unterdrückten Nationalitäten Hand in Hand gehend, heute überall in Oesterreich wie eine Eiterbeule durch äußere Verletzung ausbricht. Das kommt nur daher, weil alle diese Nationalitäten das Wort Deutsch als die Quintessenz des erlittenen Druckes betrachten gelernt haben, und so leidet die deutsche Sprache, diese Mutter aller Bildung und alles geistigen Aufschwunges unter jenen Stämmen, durch den eigennützigen Eifer ihrer ungeschickten Freunde. Wir in Oesterreich leben gegenwärtig in der Zeit der Experimente. Wie anderwärts, wird auch in Böhmen nun, wo die Freiheit wieder gewonnen, experimentirt; der Erfolg wird wahrscheinlich derselbe sein wie anderwärts. Die Bewegung ist wie anderwärts antideutsch, vor der Hand mehr negativer als positiver Natur. Man verpönt in national gesinnten Kreisen alles Deutsche, man erdenkt sich neue Trachten, nur um gegen die bisher allgemein gewesene, weil sie die Deutschen auch tragen, Veranlassung zum nationalen Ostracismus zu haben. Wenn der Deutsche nur die Unterschätzung oder gar die Ignorirung des Einflusses, welchen das Deutschthum auf Böhmen ausgeübt und noch immer ausübt, trotz der numerisch überwiegenden czechischen Bevölkerung, zurückweist und widerlegt, so kann er diesem momentan berechtigten Aufflackern der czechischen Begeisterungsflamme, insofern sie nicht in aggressive Thätlichkeiten ausartet, mit völliger Seelenruhe zusehen, und Das hat denn auch der ehrliche, gemüthliche Deutsche, dem, ohne ein Verleumder zu sein, wohl Niemand wird den Vorwurf machen können, er hätte persönlich den Czechen in seiner Entwicklung gehindert, in einem Maaße gethan, das bereits ein Uebermaaß von Seelenruhe genannt werden kann. Aber er konnte es bis in die neueste Zeit auch thun, denn das deutsche Element arbeitete für ihn und machte die individuelle Anstrengung, welche als eine anti-rationelle auch verwerflich gewesen wäre, überflüssig; die bisherige geistige Präponderanz der Deutschen in Böhmen wird wohl Niemand als eine Folge ihrer Energie hinstellen wollen, die sie immer nur im Interesse des Culturfortschrittes, wie ihre für das Land so ersprießlich gewesene Wirksamkeit und Strebsamkeit zeigt, niemals aber gegen die zweite Nationalität an den Tag gelegt. Ihre geistige Präponderanz ist vielmehr die Frucht jenes Culturelementes, das, wenn wir eine physische Bezeichnung hieher übertragen dürfen, mittelst seiner natürlichen Trägheit vorbringt. Momentan mag dem Deutschen immerhin die Hegemonie streitig gemacht werden; der endliche Sieg ist und bleibt sein, denn die Macht der innern Verhältnisse ist stärker als die Bestrebungen der Menschen.

Wer in aller Welt zwang den siegreichen Patrizier des alten Rom, sich die klangvolle Sprache seines hellenischen Sklaven anzueignen und seinen Kindern einen griechischen Pädagogos zu halten? Wer nöthigte die römischen Cäsaren, das Griechische zu ihrer Hof- und Umgangssprache zu machen? Wer nöthigt heutzutage das Patriziat der Bildung und des Wissens in ganz Europa, sich in den Geist der beiden nicht mehr lebenden Sprachen des Alterthums einzuleben? Waren und sind es nicht innere Verhältnisse, tief begründet in der Geschichte der Literatur und den eigenthümlichen Vorzügen der Sprache, welche heutzutage das Französische so sehr zum Range einer Weltsprache für Wissenschaft, Diplomatie und geselligen Verkehr erhoben haben, daß man die Kenntniß derselben als selbstverständlich bei jedem Gebildeten vorauszusetzen das Recht hat? Wie oft haben nicht deutsche Patrioten gegen die Superiorität und Supremacie der französischen Sprache geeifert! Haben ihre Bestrebungen ein praktisches Resultat gehabt? Augenscheinlich nicht, denn das Französische spielt seine kosmopolitische Rolle allenthalben weiter und ist selbst in Rußland so sehr die Sprache des Beamtenthums und der zwei Millionen civilisirter Russen geworden, daß man in Rußland weit eher ohne Kenntniß der eigentlichen Landessprache als ohne Kenntniß des Französischen reisen kann.

Die innern Verhältnisse, die Cultur, die Geschichte, die Literatur, die Größe des Sprachgebietes, die Einheit der Buch- und Schriftsprache innerhalb einer bestimmten Völkerfamilie sind die entscheidenden Factoren für die Bedeutung einer Sprache und der Nationalität, deren Idiom sie ist; aus dem Grade, in welchem das deutsche Element diese Factoren im Verhältnisse zu dem czechischen in sich vereinigt, resultirt die Bedeutung des Deutschthums in Böhmen. Der Umstand, daß ein paar Tausend Menschen mehr als vor einigen Jahren jetzt Lust haben, Czechisch zu sprechen, daß ein paar Zeitungen mehr in czechischer Sprache erscheinen, daß es Leute für zweckmäßig halten, jetzt lieber Czechisch als Deutsch zu schreiben, ist, so berechtigt es in der Zeit der Experimente ist, doch nicht entscheidend für die Beurtheilung, welches von beiden Elementen, von einem allgemeinen großen, culturhistorischen Gesichtspunkte aus betrachtet, das herrschende sei und die Qualification zur Behauptung der Herrschaft in sich trage.

Haben wir einen dem Gelehrten-, Handels-, Fabrikstande oder der höhern Landwirthschaft angehörigen Czechen im Auge und denken wir uns die Bemühungen der czechischen Ultras mit dem vollständigen Siege gekrönt. Auf dem Hradschin thronte ein czechischer König oder zum Mindesten ein czechisches Ministerium; im Ständesaale der Burg tagte ein specifisch czechischer Landtag, mit allen Rechten ausgestattet; Schulen, Kirchen, Gerichte, Theater wären in demselben Maaße czechisch geworden, wie sie bis jetzt größtentheils deutsch waren. Wird der einzelne, auf höherer socialer Stufe stehende Czeche in jener glücklichen, allerdings noch etwas fernen Zeit die deutsche Sprache entbehren können? Wird er nicht, wenn er nach höherem literarischen Genuß Verlangen trägt, als ihm sein Thl, Klicpera, Kollar, Halek, Stulz, Micowetz, Celakowsky bieten, so ausgezeichnete Literaturwerke diese Schriftsteller ihm auch geliefert, nicht aus dem Quell von Schiller's, Goethe's, Lessing's und anderer Dichterheroen Muse schöpfen müssen, so wie der Deutsche, der doch eine so unendlich umfangreichere Literatur besitzt als alle slavischen Idiome zusammengenommen, sich durch das Studium Shakspeare's, Dante's u. s. w. bildet? Wird er, um in irgend einer Wissenschaft auf eine nur bescheidene Stufe zu gelangen, sich mit den Werken, die in czechischer Sprache geschrieben sind und noch geschrieben werden sollen, begnügen können und sich nicht vielmehr von deutschen Gelehrten, deren Böhmen so viele aufzuweisen hat, belehren lassen? Ja, kann man einem czechischen Gelehrten zumuthen, daß er seine Forschungen auf irgend einem Gebiete der Wissenschaft in einer Sprache niederlege, deren Territorium ein so begrenztes ist, zumal da er wissen muß, daß Alle, an deren Würdigung ihm gelegen ist, seine Werke ohne irgend ein Opfer auch in der universelleren deutschen Sprache lesen können? Warum hat Palacky seine böhmische Geschichte zuerst in deutscher Sprache, warum Purkynje seine physiologischen, Hamernik seine berühmten medicinischen Werke deutsch geschrieben? Diese Männer stehen als Vertreter der Wissenschaft unter den Czechen doch in erster Reihe. Wird der Czeche nicht stets jene Sprache lernen müssen, deren Kenntniß ihm für das praktische Leben unumgänglich nothwendig wird, sobald er sich nur zwei Stunden mit der Eisenbahn von dem Weichbilde der Landeshauptstadt entfernt?

Der Deutsche wird nie oder nur in Ausnahmsfällen das Czechische zu erlernen brauchen, eben weil der Czeche stets in Folge der innern Nothwendigkeit gezwungen sein wird Deutsch zu lernen. Der Deutsche erlangt, wenn er die czechische Sprache erlernt, erstens entweder keine oder jedenfalls eine viel geringere Bereicherung seiner literarischen

Ausbildung als durch das Studium der französischen, englischen oder italienischen Literatur; er erlangt aber zweitens durch sie auch nur den Schlüssel zur Verständigung innerhalb eines Sprachgebietes von nur wenigen Millionen Menschen, von denen überdies der intelligentere Theil des Deutschen kundig sein muß, weil ihm sonst ein Sprachgebiet von achtzig Millionen Menschen, mit welchen er unwillkürlich in Contact gerathen muß, verschlossen bliebe.

Angesichts dieser Thatsachen erklärt es die Natur der in neuester Zeit par force betriebenen Nationalitätsbestrebungen der Czechen, wenn ihre Ultras jetzt in ihren Organen bemüht sind, die Leistungen der Deutschen in Böhmen herabzudrücken, um sie zum Fußschemel czechischer Größe zu machen, und den Ruhm der Schöpfung so manches Großen und Schönen auf den Gebieten der Wissenschaft, Kunst und Industrie für sich in Anspruch nehmen. Handelte es sich blos darum, den Czechen einen Spielraum zur freien Concurrenz mit den Deutschen zu eröffnen, oder wäre nur davon die Rede, daß die Czechen nicht mehr Alles von den Deutschen empfangen, vielmehr mit eigener Arbeit, eigenem Fleiße dem deutschen Muster selbstthätig nacheifern sollen und wollen — wer würde sich dieses Eifers nicht freuen und den Bemühungen der Czechen nicht alles Gute wünschen? Leider geht aber das Streben auf eine Infragestellung des Werthes deutscher Schöpfungen und Herabsetzung der letztern aus. Diesem allerdings fruchtlosen Bemühen muß durch die Betonung der von uns ans Licht gezogenen Wahrheiten und den Hinweis auf Das begegnet werden, was die Deutschen auf diesen Gebieten unbestritten geleistet, und den Einfluß, den sie ausgeübt und noch ausüben. Daß wir uns hierbei auf die Gegenwart und auf das Wichtigste beschränken müssen, bringt der uns zugemessene Raum mit sich, da mit einer tiefern Behandlung dieses Stoffes sich leicht ein Buch füllen ließe, während eine bloße Namhaftmachung alles Dessen, was Deutsche in Böhmen zu Urhebern hat, zur bloßen Nomenclatur herabsinken würde. Der Sieg der deutschen Cultur läßt sich in der That auf allen Gebieten verfolgen.

Beginnen wir unsere Umschau mit der Literatur und zwar zunächst mit der poetischen, so treten uns in Deutschland wohl bekannte Namen entgegen. Wir können und müssen uns, weil eine Kritik außerhalb unseres Zweckes liegen würde, hier, blos die Repräsentanten gewisser Richtungen herausgreifend — da, wie gesagt, die bloße bibliographische Aufzählung der Werke allein mehrere Bogen in Anspruch nehmen würde, — auf das zum Theil abgeschlossene Urtheil der Literaturgeschichte berufen. Die lyrische Dichtung wird durch Moriz Hartmann, Alfred Meißner und L. A. Frankl vertreten, welche insgesammt sich später andern Richtungen zuwandten. Alle Drei haben sich redlich Sitz und Stimme auf dem deutschen Parnaß erworben und schließen sich unmittelbar an Grün, Lenau, Freiligrath und Herwegh an. Einen mehr specialisirenden, auch mit kurzen kritischen Bemerkungen verbundenen Zeichnungsumriß des Antheils der Deutschen in Böhmen an der deutschen Nationalliteratur, in welchem auch diejenigen Schriftsteller namhaft gemacht sind, welche sich den jetzt lebenden Hauptrepräsentanten der deutschen Literatur und Wissenschaft in Böhmen anschließen, brachte neulich aus der Feder des Verfassers die vielgelesene, durch Mannigfaltigkeit und Gediegenheit der Beiträge hervorragende, von Kolatschek herausgegebene Zeitschrift: Stimmen der Zeit*). Die erzählende Dichtung wird am bedeutendsten durch ein anderes Kleeblatt, welches Böhmen als Contingent zur deutschen Literatur stellt, repräsentirt: A. Stifter, L. Kompert und Joseph Rank. Ohne die Leistungen dieser Poeten überschätzen zu wollen, müssen wir billig fragen, wo die moderne czechische Literatur, von der in nationalen Kreisen so viel Aufsehens gemacht wird, denn Etwas aufzuweisen hat, was den Schöpfungen dieser wenigen Genannten auch nur im Entferntesten gleich käme.

Auch die deutsche Bühne hat Böhmen gegenwärtig manches beachtenswerthe Drama zu verdanken. Den Uebergang zu den Männern der Wissenschaft bilden die deutschen Publicisten höhern Ranges aus Böhmen, insofern sie entweder durch selbstständige Schriften Beiträge zur Staatswissenschaft geliefert oder durch ihre, in ihrer Totalität zu betrachtende, gesammte Wirksamkeit auf dem Gebiete der Politik zu einer Rolle gelangt sind. Wo von deutschen Publicisten die Rede sein mag, da werden die Namen Kuranda und Schuselka mit Ehren genannt werden. Bemerkenswerth ist es, daß die meisten der hervorragendern Wiener Journalisten geborene Böhmen sind, wir erinnern an J. Heller, A. Neustadt, Dr. Basch, Julius Hirsch, B. Friedmann, Dr. Brosch, Dr. Gans u. v. a. m. Treten wir über die Brücke des Journalismus in die Hallen der Wissenschaft ein und fassen wir zunächst jenen Wissenschaftszweig ins Auge, welcher zumeist an die politische Publicistik grenzt, die Staatswissenschaft im Allgemeinen, so finden wir hervorragende Träger dieser Wissenschaft im Kreise der höchsten österreichischen Staatsbeamten: Czörnig, den berühmten Verfasser der Ethnographie Oesterreichs und Schöpfer der wissenschaftlichen statistischen Forschung in Oesterreich überhaupt,

---

*) Vergl. Stimmen der Zeit, herausgegeben v. A. Kolatschek, Jahrg. 1861. Heft. VII. S. 244 ff.

Hock, der durch sein Werk: „Die Finanzverwaltung Frankreichs" eine Celebrität in dem sonst mit solcher Anerkennung kargenden Kaiserreiche der Unwissenschaftlichkeit par excellence geworden, und Helfert, den Darsteller des österreichischen Schulwesens. An diese reihen sich Dr. Kreutzberg und Dr. Schebek, welche durch beachtenswerthe statistische Monographien die einschlägige Literatur bereicherten. Auf dem Felde der Volkswirthschaft ist zunächst Hasner, dem wir auf dem Gebiete der Philosophie wieder begegnen werden, als der tief denkende Nachfolger Schmitthenner's zu nennen. Wir möchten seine Nationalökonomie als eine Philosophie der Volkswirthschaft betrachten. Ferdinand Stamm lieferte schätzbare, im Volkstone gehaltene, landwirthschaftliche Schriften. Theophil Pisling eröffnete mit seinen volkswirthschaftlichen Studien, denen zunächst die nordböhmischen Zustände zu Grunde gelegt sind, die poliklinische Methode der Nationalökonomie. Makowitschka, gegenwärtig Professor an der Universität zu Erlangen, darf als der begabteste Epigone Rau's bezeichnet werden.

Die Rechtswissenschaft verdankt den Deutschen in Böhmen mehrere Größen ersten Ranges. In erster Linie steht der Nestor des Proceßverfahrens, der Herausgeber des „Magazins", Haimerl. Der Genialste unter den Jüngern ist unstreitig Unger, welcher trotz seiner geistreichen Casuistik zum ersten Male eine Systematik in die Commentirung des Gesetzbuches brachte und mit Recht den Ruhm anstreben darf, einst neben Savigny und Puchta genannt zu werden. Ihm folgen Glaser und Wahlberg, Beide höchst beachtenswerthe rechtswissenschaftliche Schriftsteller. Auf dem Gebiete der Rechtsphilosophie that sich der bereits angeführte Hasner, gewissermaaßen der erste Hegelianer Oesterreichs, hervor; seine Rechtsphilosophie können wir für den Uebergang zur Philosophie überhaupt benützen. Hier erscheint zunächst Volkmann als der Erbe Exner's. Wie Jener liebenswürdig in der Form, ohne daß hierdurch dem gediegenen Inhalte Abbruch geschieht, schenkt er goldene Früchte in silberner Schale. Ein Philosoph im besten Sinne des Wortes ist Robert Zimmermann; den Schwerpunkt seines bisherigen Schaffens bildete seine „Aesthetik", deren erster Theil besonders als die erste umfassende Geschichte dieser Wissenschaft zu dem Bedeutendsten zählt, was in dieser Richtung geleistet worden. Ungleich bedeutender ist das Contingent, welches die Deutschen aus Böhmen den Gebieten der exacten Wissenschaften und der Naturwissenschaften gestellt haben. Hier treten uns auf dem Felde der Physik die Namen Baumgartner und Heßler entgegen. Die Chemie bereicherten der bekannte Forscher auf dem

Gebiete der Gährungschemie Balling, der Agriculturchemiker Robert Hoffmann, Robert Schwarz und Andere. Die Mathematik verdankt Böhmen außer Gerstner und Doppler den auf dem Gebiete der höhern Mathematik seines Gleichen suchenden Kuhlik. Wenn wir Litrow nennen, so bedarf es nicht erst der weitern Bemerkung, daß auch die in Prag einst so sehr gepflegte Astronomie unter den Deutschen Böhmens eine Celebrität besitzt. Die Mineralogie hat Reuß als Vertreter aufzuweisen, einen Gelehrten, welcher L. v. Buch an die Seite gestellt wird, die Geologie den, abgesehen von seiner Wirksamkeit in der Reichsanstalt, berühmten Haidinger, die Botanik den Pflanzenphysiologen und Systematiker Kostelleczky. Wollen wir nun erst einen Blick auf die Medicin werfen, so reihet sich ein berühmter Name an den andern; an der Spitze steht der Physiologe Purkynje — die Czechen werden uns wohl den „Fehler" verzeihen, wenn wir diesen Gelehrten aus ihrer Mitte hier nennen; wir stellen ihn deshalb neben Rokitansky, den Schöpfer der pathologischen Anatomie, und Skoda, den berühmten Diagnostiker, die uns Deutschen vielleicht auch streitig gemacht werden dürften, obwohl ihr Wirken und der Kreis desselben sie zu Deutschen stempelt. Allein selbst wenn wir von Diesen absehen, bleibt uns noch eine Schaar Deutscher aus Böhmen übrig, die auf dem Felde der Heilkunde hohen Ruhm erlangt haben; bei den meisten genügt die bloße Nennung ihrer Namen, so bei Oppolzer, Hyrtl, Arlt, nächst Gräfe dem größten Augenarzte Deutschlands, Pitta, Löschner, auf dem Gebiete der Psychiatrie: Riebl, Fischel, welchem letzteren in seiner Art großen Seelenarzte die Regierung aus confessionellen Gründen die Leitung der Prager Irrenanstalt entzog, ohne wohl überdacht zu haben, daß sie dem Concordate dieses Compliment auf Kosten der leidenden Menschheit gemacht habe.

In ähnlicher Weise tritt die Bedeutung der Deutschen in Böhmen in ein schönes Licht, wenn wir ihre Leistungen auf den verschiedenen Gebieten der Kunst zum Gegenstande der Betrachtung machen. Die Czechen haben hier Vieles und Bedeutendes geleistet, und es wird uns nicht einfallen, wenn wir zunächst von Musik sprechen, die Verdienste Tomaschek's, Skraup's, Krecj's und Anderer zu unterschätzen, allein das Uebergewicht liegt abermals auf Seite der Deutschen; aus ihrem Kreise stammen der weltberühmte Compositeur Moscheles, der durch seine Messen weit über die Grenzen des Vaterlandes hinaus bekannte Veith, der Operncompositeur und Director des durch seinen Einfluß auf die Entwickelung der Musik hoch berühmten Prager Conservatoriums Kittl, dessen Oper: „Die Franzosen vor Nizza" der

Popularität des Marsches wegen eine Zeit lang aus politischen Rücksichten nicht aufgeführt werden durfte, der geniale Schulhof, von ausübenden Künstlern Wilhelmine Clauß-Szarvady, Raimund und Alexander Dreyschock, Mildner, der Lehrer der modernen, gleichfalls in Böhmen geborenen Violinvirtuosen Laub, Kökert und des früh verstorbenen Pixis, zu welchem die Schüler aus allen Weltgegenden wallen, der erste jetzt lebende Fagottist Neukirchner, Kalliwoda, Glaser, der bekannte Cellist Goltermann, der junge Componist Abert, Capellmeister in Stuttgart. Sollen wir hier noch der Henriette Sontag gedenken oder auf Frau Lutzer-Dingelstedt hinweisen? Grausam wäre es von uns, wollten wir, einen Blick auf die dramatische Kunst werfend, einen Vergleich mit den Leistungen der Czechen auf diesem Felde anregen, da wir Gestalten wie Frau Bayer-Bürk, Fanny Janauschek, Moritz Rott und viele Andere aufzählen könnten. Unter den deutschen Malern und Vertretern der beiden monumentalen Künste treffen wir den in seinen Beleuchtungseffecten unerreichten Pollak, den von römischem Geiste durchglühten, auch in schriftstellerischer Beziehung nicht unbekannten Kandler, ferner Führich, Kratzmann und Andere, die Brüder Joseph und Emanuel Max, Camill Böhm, Förstel und viele Andere. Doch verlassen wir die Ruhmeshallen der Kunst und Wissenschaft und betreten wir den Markt des praktischen Lebens, so treten hier die Verdienste der Deutschen in Böhmen am schärfsten hervor, und was in Böhmen Großes auf dem Gebiete des Handels und der Industrie geleistet worden, muß das Deutschthum zum mächtigsten Träger der Cultur in Böhmen stempeln. Böhmen ist gegenwärtig das fortgeschrittenste und höchst entwickelte Industrieland Oesterreichs! Wem sonst hat es aber diese Bedeutung zu verdanken, als seinen deutschen Bewohnern, in deren Händen sich fast ausschließlich die Großfabrikindustrie befindet, während nur das Kleingewerbe von vorwiegend czechischen Unternehmern betrieben wird, und Dies gilt nicht blos von den reindeutschen Industriebezirken Nordböhmens*), von den beiden industriellen Grenzfestungen des Landes Reichenberg und Asch, von dem Geburtsorte der einst und noch berühmten böhmischen Leinweberei Rumburg, von den Sitzen der Glasfabrikation Haida, Steinschönau, Gablonz ꝛc., vom nordöstlichen Theile, dem Lancashire Böhmens, von dem nordwestlichen Districte der Porzellanfabrication, von dem Sitze der Spiel-

---

*) Vergl. Nationalökonomische Briefe aus dem nordöstlichen Böhmen von Dr. Theophil Pisling. 2. Aufl. 1857. Prag (C. Bellmann).

waareninduſtrie Oberleitensdorf*), es gilt auch von der Landes-
hauptſtadt; auch hier ſind alle großen Induſtriezweige, beſonders die
ausgedehnte Kattunfabrication, die chemiſche Induſtrie, die
Maſchinenfabrication ausſchließlich durch Deutſche ins Leben
gerufen worden**), ebenſo die Zündholzfabrication, die Eiſeninduſtrie,
die Rübenzuckerfabrication, die Erzeugung türkiſcher Kappen, die in
hoher Blüthe ſtehende Handſchuhfabrication und viele andere Zweige
des Gewerbfleißes, deſſen Producte böhmiſchen Urſprungs auf dem
Weltmarkte eine hervorragende Rolle ſpielen, und befinden ſich die
jetzt beſtehenden Etabliſſements faſt ausſchließlich in den Händen
deutſcher Induſtrieller. Ein Deutſcher, Salomon, war es,
welcher die Leineninduſtrie in Böhmen einführte, ein Deutſcher,
Habernitzky, war es, welcher die Porzellaninduſtrie in Böhmen
begründete; der erſte Glasfabrikant Böhmens war ein Deutſcher,
und ein Deutſcher, Franz Richter, ein Mann, welchem Böhmen
ſo viel verdankt, daß der Schatten, den ſein Proceß auf ihn warf,
ſeine Verdienſte auch nicht im Mindeſten zu verdunkeln vermochte,
war es, der der Reformator und Regenerator der Weberei und Spin-
nerei wurde. Wer könnte von den jetzt lebenden Vertretern und Förderern
des Gewerbefleißes in Böhmen ſprechen, ohne den König der böhmiſchen Induſtrie, Johann Liebig, zu nennen, ohne des induſtriellen
Dioskurenpaares Lanna und Klein zu erwähnen, ohne der Lei-
ſtungen eines Stark, Leitenberger, Baron Rieſe-Stallburg,
Haaſe, Ziegler, Schick, Dormitzer, Przibram, Schmitt,
Portheim und vieler anderer, um die böhmiſche Induſtrie hoch-
verdienter deutſchen Männer zu gedenken. Nicht minder befindet ſich
der Großhandel in den Händen Deutſcher; die erſten Firmen des
Landes haben deutſche Männer zu ihren Leitern. Was das Ver-
kehrsweſen betrifft, ſo ſind abermals die Schienenwege, welche Böhmen
bereits beſitzt, von Deutſchen geſchaffen worden und iſt auch die
im Bau begriffene böhmiſche Weſtbahn gleichfalls das Werk deutſcher
Unternehmer.

Wir wollen dieſe blos flüchtige Ueberſchau nicht weiter aus-
dehnen, ein Blick auf dieſelbe zurückgeworfen genügt, um unſere Behauptungen über die Bedeutung des Deutſchthums in Böhmen auf
das Kräftigſte zu unterſtützen. Im Umriſſe dürfte wohl dieſe Skizze
eine Illuſtration zu unſerem Texte geboten haben. Für Denjenigen

---

*) Vergl. Volkswirthſchaft und Arbeitspflege im böhmiſchen Erzgebirge von
Dr. Theophil Piſling. 1861. Prag (Kober und Markgraf).
**) Vergl. Bericht der Prager Handels- und Gewerbekammer 1859.

freilich, der durchaus blind sein will, ist dieses Bild nicht entworfen, und bei Denjenigen, die wirklich blind sind, müssen wir, sie beklagend, wohl schon abwarten, bis ihnen der Staar gestochen wird. Das werden aber auch die Blinden, wenn nicht alle ihre Sinne abgestorben sind, nach alledem denn doch innerlich zugeben müssen, daß Böhmen ein von deutscher Cultur erobertes Gebiet sei und ihr es wieder entreißen oder auch nur streitig machen wollen kein Problem der Fortschrittsbestrebungen sein kann; daß, so berechtigt die Czechen auch sind, ihre nationalen Interessen zu hegen und zu pflegen, der innere Zusammenhang Böhmens mit Deutschland stärker und gesünder sei als mit den Slaventhumsfragmenten in Mähren und Schlesien, und daß die verrostete Kette, welche jetzt zur Herstellung dieser äußern Verbindung aus der historischen Rüstkammer geholt wird, denn doch allzu sehr vom Zahn der Zeit benagt sein dürfte, um das aus geistigen und materiellen Interessen gewobene Band, das Böhmen mit Deutschland innerlich zusammenhält, zu paralysiren, in welchem Maaße wir auch dem, diesem Experimente zu Grunde liegenden, beharrlichen Eifer, mit welchem dieser Wahn zu verwirklichen gesucht wird, unsere Achtung zollen müssen.

Eigenthümlich ist es aber, wenn sich die Czechen diesen von uns constatirten und unleugbaren Thatsachen gegenüber auf ihre Majorität berufen und das Bestreben, ihre Race auf Kosten der zweiten Nationalität hervorzukehren, durch den Hinweis auf ihre Mehrzahl zu rechtfertigen suchen. Allein selbst wenn wir zugeben wollten, daß die Macht des Stärkeren, wenn sie gegen die Culturentwicklung gerichtet ist, eine zu Recht bestehende sei, müssen wir vorerst fragen, ob diese Majorität wirklich vorhanden sei, und wenn sie vorhanden, ob sie in diesem barbarischen Kampfe zu einem dauernden, nicht blos momentanen Siege führen könne, oder ob nicht vielmehr der bisherige Sieg des an äußerer Macht schwächern Theiles, der Sieg der Minorität, auch für die Dauer, respective eine Wiedererfechtung desselben nach kurzer Unterbrechung spreche?

Betrachten sich die Czechen im Zusammenhange mit den übrigen Gliedern der slavischen Familie und datiren ihre Majorität von dieser Zusammengehörigkeit, dann stehen ihnen die Kinder der zweiten Nationalität des Landes nicht mehr als „Deutsche in Böhmen", sondern als Deutsche überhaupt gegenüber, bei welchem Gedanken jeder Czeche eine Gänsehaut bekommt, und ist die Frage, auf welcher Seite die berechtigende Majorität sei, wohl zu Gunsten der Deutschen entschieden; betrachten sich die Czechen aber nur als solche und stellen wir Deutsche uns ihnen auch nur als Deutsche in Böhmen gegenüber, ohne den Zusammenhang mit den Deutschen des „Reiches" zu betonen, der ein natürlicher auch geographisch, im Gegensatze zu dem Zusammenhange der Czechen mit den Slaven, nicht unterbrochener ist, so ist auch die Majorität des Czechenthums nur eine **scheinbare**. So wie auf dem Gebiete der Politik bei den Wahlen der Steuergulden entscheidet und die steuerkräftigeren Deutschen deshalb als Majorität erscheinen, welche nur durch unlautere Umtriebe beeinträchtigt werden konnte, ebenso sollte auf dem Gebiete der Cultur die Steuerquote, die geistige Steuerkraft entscheiden, auch da werden dann die Deutschen als die steuerkräftigeren, ein größeres Culturmaaß producirenden die Majorität bilden; und auf die weder materiell noch geistig steuerfähigen, auf die Proletariatsmassen sollten und werden sich wohl auch die Czechen nicht berufen wollen. Aber die Czechen denken und raisonniren anders.

Es ist kürzlich eine Sprachenkarte von Böhmen*) erschienen, deren Verfasser man es nachrühmen muß, daß er sich großer Unparteilichkeit beflissen hat, und dennoch hat er die Czechen in ihrem Glauben an ihre Majorität durch seine wissenschaftliche Arbeit bestärkt und ihnen einen bei weitem größeren Dienst erwiesen, als manche ihrer Führer durch ihr bisheriges maaßloses und parteiisches Auftreten, denn auf dieser Karte erscheint das deutsche Element in Böhmen wirklich in der Minorität, der bei weitem größte Theil des Landes, ja fast das ganze Land mit Ausnahme des Grenzbezirkes ist czechisch. Auf diese Thatsache, welche durch die Sprachenkarte auf das Eclatanteste bewiesen sein soll, basiren die Czechen nun ihre Ansprüche, betreffend die Suprematie ihrer Nationalität. Diese Herren übersehen jedoch Eins, was freilich der Zeichner der Karte zu bemerken vergessen hat, nämlich daß auf der Karte immer nur das **vorherrschende** Idiom in dem einen oder dem andern **Landstriche** veranschaulicht wird, daß aber dem deutschen Culturelemente, das bis jetzt noch **nur** das vorherrschende gewesen, besonders in den **Städten**, wo Deutsche und Czechen **neben** einander wohnen, auf der Karte keine Rechnung getragen ist. Die Unterschiede der Sprache lassen sich nach Fußen und Zollen abmessen und berechnen, aber die Strömungen der Bildung auf dem Papier zu zeichnen, das vermag kein noch so geschickter Kartograph. Nichtsdestoweniger gilt dieser Entwurf den Czechenführern als Generalstabskarte für ihre nationale Agitation. Indessen, wenn wir auch gegen unsere Ueberzeugung einräumen

---

*) Uebersichtskarte von Böhmen für die Landtagswahlen von Leop. Brbiczla. Prag 1861 (Tempsky).

wollten, daß die Karte Das, was sie beweisen soll, auch wirklich beweise, nämlich die Majorität des Czechenthums, so kann Dieses nur dazu dienen, um das Verdienst der deutschen Bevölkerung in besto klarerem Lichte erscheinen zu lassen, denn dieses Verdienst wächst, wenn wir bedenken, daß die deutsche Bevölkerung in der **Minorität** war und es trotz ihrer Minderzahl dennoch verstanden hat, in Allem, was die eigentliche Cultur betrifft, dem gesammten Lande und damit also auch der czechischen Majorität den Stempel aufzudrücken. Hierin liegt die Bürgschaft für das weitere zukünftige Fortschreiten der deutschen Cultur und für ihren endlichen **letzten** Sieg über die sich ihr entgegenstellenden Elemente, und dieser Sieg kann und wird erfochten werden, ohne daß hierdurch eine andere Nationalität des Landes in der Entwicklung und Entfaltung ihrer nationalen Eigenthümlichkeiten gehindert zu werden braucht, ja ohne daß sie hierin gehindert werden darf, sie müßte denn eine oder die andere ihrer Eigenthümlichkeiten um ihres eigenen Vortheils willen abstreifen oder abschleifen wollen.

Schließen wir hiemit unsere Betrachtungen über die eine Strömung der czechischen Bestrebungen ab, so gelangen wir zu dem Urtheile, daß die ethnographische, auf Geltendmachung der Race gerichtete Bestrebung der Czechen, so weit sie sich dem Vordringen des deutschen Culturelementes entgegenstellt, **weder Zweck noch Mittel** für einen andern Zweck sein kann. Da die Geltendmachung der Race, in dem gewünschten Maaße, als Selbstzweck betrachtet, weder erreicht werden kann noch **darf**, so sind auch logisch alle diesem Zwecke dienen sollenden Mittel, mithin auch die Hervorkehrung respective Schaffung der „politischen Nationalität der Czechen" fruchtlos und in gewissem Sinne sogar verwerflich; da aber die Geltendmachung der Race als Mittel betrachtet in dem gewünschten Maaße eben so wenig denkbar und zu billigen ist, so kann sie, wenn die Hervorkehrung der politischen Nationalität der Zweck sein soll, auch nicht zu diesem Zwecke führen und ist, weil nicht zweckdienlich, als ein morscher Pfeiler zu verwerfen.

Wenden wir uns nun der zweiten Seite der czechisch-nationalen Bestrebungen, dem Streben nach Geltendmachung der **politischen Nationalitätsidee** zu. Wir haben die letztere nur, insofern sie den Czechen als Zweck gilt, zu betrachten. In so weit sie von den Czechen als Mittel für die Zurgeltungbringung des Racenprincips betrachtet wird, entzieht sie sich völlig unserer weitern Kritik, denn wir haben dieselbe schon in dem frühern Abschnitte geübt. Indem wir über die Geltendmachung des Racenprincipes in der Weise, wie sie die Czechen anstreben als Zweck, den Stab gebrochen, haben wir auch schon über die, diesem Zwecke dienen sollenden, Mittel ein absprechendes Urtheil, also auch über die in Rede stehende zweckdienliche Bestrebung, gefällt.

Als Zweck betrachtet ist die Bestrebung nach Geltendmachung der politischen Nationalitätsidee, welche in der Wiederherstellung der Rechte der böhmischen Krone ihren Ausdruck und Abschluß finden soll, nun wieder anderseits nach den Mitteln, welche zur Erreichung derselben dienen sollen, und nach dem, dieser zu Grunde liegenden, Bedürfnisse zu beurtheilen. Ueber eines dieser Mittel, nämlich über Geltendmachung des Racenprincips, haben wir uns hinreichend ausgesprochen und sind zu dem Resultate gelangt, daß wir sie nicht als Mittel gelten lassen können.

Was das der Realisirung der politischen Nationalitätsidee zu Grunde liegende oder liegen sollende Bedürfniß anbelangt, so ist die Berufung auf dasselbe nur wieder ein Mittel zur Erreichung des Zweckes, braucht also nicht abgesondert, sondern kann schon hier erörtert werden.

Wenn eine Bestrebung, die als Nationalitätsbestrebung hingestellt wird, abgesehen von ihrer Berechtigung oder Nichtberechtigung, überhaupt als solche anerkannt, und nicht blos als der persönliche Wunsch Einzelner, bezeichnet werden soll, der, aus lautern oder unlautern Motiven entsprungen, in keinem Falle zu einer politischen Frage erhoben werden kann und darf, so muß ihr das Bedürfniß einer compacten Menge oder Körperschaft zu Grunde liegen, die durch ihre Zusammengehörigkeit oder Zusammensetzung, durch die Geschichte ihres Werdens oder ihres Verfalles, oder durch ihren gegenwärtigen Charakter und die Stellung, die sie einnimmt, überhaupt die Qualification zur Stellung politischer Forderungen in sich trägt. Die althergebrachte Bezeichnung nennt eine solche compacte Körperschaft oder Menge „Gesellschaft". Politische Forderungen können also nur gestellt werden: 1) von einem Staate, d. h. der auf einem bestimmten geographischen Gebiete organisirten, aus der Gesellschaft hervorgegangenen Nation oder Nationengruppe, mithin von einem Volke und seiner Regierung; damit steht die Definition, die Nation sei das Volk sammt seiner Regierung, nicht im Widerspruche, denn das Wesen der Nation und ihre Abgrenzung werden dadurch nicht verändert, daß mehrere Nationen nur eine Regierung haben;

2) von einem Volke, d. h. entweder der noch nicht organisirten, aber doch die Elemente für eine solche Organisation in sich vereinigenden Nation, oder von jenem Theile der Nation, der in einen

Gegensatz zum zweiten Theile derselben, der Regierung, tritt nämlich von dem Volke ohne Regierung, was besonders der Fall sein kann, wenn die Nation eine solche ist, die mit mehreren andern Nationen zusammen eine Regierung hat, mithin der Staat aus mehreren Nationen zusammengesetzt ist. Der zweite für die Organisation eines Volkes zur Nation erforderliche Theil, die Regierung, kann allein keine politische Forderung stellen, und in einem Staate, in welchem sie es dennoch kann, da sind die Rechte des Volkes noch nicht zur Geltung gelangt;

3) können endlich politische Forderungen gestellt werden von der Gesellschaft, als dem Elemente, aus welchem eine Menschengruppe zum Volke, zur Nation und endlich zum Staate heranwächst.

Die politischen Forderungen eines oder des andern dieser drei hierzu qualificirten Körper können demzufolge: constructiv, destructiv, oder constructiv und destructiv zugleich sein. Bei dem ersten Körper, dem Staate, fällt diese Eintheilung natürlich weg, denn der Staat, dessen Wesen constructiv ist, kann folgerichtig in seinen Forderungen nicht destructive Tendenzen verfolgen, denn dieses könnte, politischem Wahnsinn entsprungen, zum politischen Selbstmord oder zum politischen Sichselbstaufgeben führen und müßte deshalb, weil durch die Existenz oder das Aufhören eines Staates die Interessen aller andern Staaten berührt werden, von diesen, d. h. dem Staatencongresse, gehindert werden. So müßte denn, weil die Existenz eines österreichischen Staates gegenwärtig als eine Nothwendigkeit für die andern erscheint, derselbe, wenn er durch destructive Tendenzen zu einem Sichselbstaufgeben geführt würde, durch eine Intervention der anderen Staaten erhalten und gerettet werden. Wenn nämlich der österreichische Staat, in dessen Schoße schon jetzt mehrere Völker sich nicht damit begnügen, Nationen nach obiger Definition zu werden und selbständige Staaten zu werden anstreben, was sich mit der Gesammtstaatsidee nicht vertragen kann, wenn der österreichische Staat nun die Tendenz verfolgen oder von den drängenden Völkern zu verfolgen gezwungen würde, so viel von seiner staatlichen Macht an seine Bruchstücknationalitäten abzugeben, daß diese in ihrem, freilich fruchtlosen, Streben nach selbständiger Staatenbildung unterstützt würden, so müßten die außerösterreichischen Staaten dagegen protestiren und ihre Intervention behufs der Rettung Oesterreichs einleiten; denn selbst wenn Oesterreich zerfiele, könnten jene Großmächte diese Staatenbildung nicht zugeben, sondern müßten die sich in einem solchen Processe befindenden Völker- und Völkerfragmente in den Schoß ihrer Staaten aufnehmen. Denn so sehr der Geist der Zeit zum Aufgehen kleiner Staaten in größere und zur Erweiterung dieser durch jene drängt, ebenso sehr ist er jeder Herausschälung kleiner Staaten aus größeren entgegen. Ebenso wie den Großmächten die Erhaltung des durch sich selbst oder durch sie rettbaren Oesterreich geboten ist, ebenso müssen sie einem Staate gegenüber, der sich selbst aufzugeben gezwungen ist und den auch sie nicht retten können, ihre zuwartende Stellung aufgeben, ohne seine völlige Auflösung abzuwarten, seinen Sturz vielmehr beschleunigen und eine wohlerwogene Theilung unter einander vornehmen, damit sein unvermeidlicher Verfall nicht zu einer unnatürlichen Staatenbildung oder einer noch unnatürlicheren einseitigen, das Staatengleichgewicht störenden, Vergrößerung irgend eines bereits mächtigen Staates um einen oder mehrere Theile des sich auflösenden Veranlassung gebe, wie es z. B. bei der Türkei der Fall ist.

Bei einem gesunden Staate kann daher in Betreff seiner politischen Forderungen von unserer Eintheilung derselben in constructive und destructive ꝛc. nicht die Rede sein. Wohl aber hat diese Eintheilung bei den andern zu politischen Forderungen fähigen Körpern zu gelten.

Constructiv sind die politischen Forderungen 1) eines noch nicht zur Nation organisirten Volkes, wenn es auf eine solche Organisation und durch diese auf eine Kräftigung des Staates abzielt; dahin gehören z. B. die politischen Einheitsbestrebungen des deutschen Volkes; ebenso sind constructiv 2) die politischen Forderungen der Gesellschaft, wenn sie die Organisation zu einem Volke in der eben bezeichneten Art zum Ziele haben.

Destructiv sind die politischen Forderungen beider Körper, wenn sie entweder, staatlich organisirt, auf eine Zerstörung dieser Organisation hinausgehen oder, wenn sie noch nicht staatlich organisirt sind, den natürlichen Proceß zu zerstören drohen. In diesem Sinne destructiv sind die politischen Forderungen der meisten Völker und Völkerfragmente oder der auf noch niedrigerer Stufe stehenden Körperschaften Oesterreichs. Sind solche destructive Forderungen überdies so beschaffen, daß eine Realisirung derselben entweder unmöglich ist oder eine nur so kurze Dauer verspricht, daß der ganze Proceß nur als ein zweckloser Kampf und darum als ein Unglück für das Volk oder Völkerfragment betrachtet werden muß, dann ist diese Forderung verwerflich, und die andern Nationen desselben Staates haben die Pflicht, ebenso diese destructiven politischen Forderungen ihres Nachbarvolkes zu unterbrücken, wie es die oben erwähnte Aufgabe der Staaten ist, in ähnlichem Falle zu interveniren.

Destructiv und constructiv zugleich sind die politischen Forderungen dieser beiden zu politischen Forderungen befähigten Theile, wenn sie sich aus einem Staatskörper nur darum herausschälen und von ihm loslösen wollen, um mit einem andern, in näherer Verwandtschaft zu ihnen stehenden, Staatskörper zu verwachsen oder in eine Nation zu verschmelzen, deren Organisation bereits bis zum Staate gediehen. Ist der Gewinn hiebei ein solcher, daß sich ein bisher nur als nicht organisirte Nation, nämlich als Volk, bestandener Körper einem bereits zur Nation organisirten Volke, das zudem ein herrschendes, d. h. mit einer nationalen Regierung beglückt, ist, assimiliren kann und durch den Tausch von der Stufe des Volkes zu der des Staates gelangen kann, so ist eine solche Forderung eine gerechte, wie sie es bei den Bestrebungen der Italiener, den kleinen und größeren Fürsten gegenüber, war. Sie wurden eben aus Modenesen, Neapolitanern eine **italienische Nation**, respective italienische **Staatsbürger**.

Wie diese politischen Forderungen nun auch beschaffen sein mögen, immer wird das Bedürfniß, welches ihnen zu Grunde liegt, der Maßstab ihrer Berechtigung sein. Nun gibt es aber, wie bei den einzelnen Individuen, so auch bei ganzen Völkern **natürliche** und darum **wirkliche**, so wie **künstliche** und darum **eingebildete** Bedürfnisse; es muß, wenn von politischen Forderungen die Rede ist, bei welchen man sich auf ein Bedürfniß beruft, daher auch die **Natur** desselben untersucht werden. Bevor wir jedoch das Bedürfniß und die Mittel, als das „Wie" der Erreichung, prüfen, müssen wir dem Wesen der Forderung und ihrer Natur als dem „Was" näher an den Leib rücken. Wir haben mithin zu untersuchen 1) die **Qualification der Forderer**, 2) die **Natur der Forderung**, 3) das **Verhältniß zwischen beiden**. Durch die eben versuchte Gliederung glauben wir ein Leitseil für die Beurtheilung der politischen Nationalitätsbestrebungen der Czechen gewonnen zu haben.

Die Czechen stehen auf der von uns festgestellten Stufenleiter auf der **zweiten Stufe und besitzen die Befähigung zu politischen Forderungen**. Sie bilden als Czechen ein Volk, als Slaven ein Volksfragment, und zwar ein solches, dessen weiterer ethnographischer Entwicklung, wie wir gesehen haben, das nivellirende Culturelement überhaupt im Wege steht, in derselben Weise als, wie wir sehen werden auch seiner politischen Entwicklung das **nivellirende Wesen der großen Politik im Wege steht**. Eine Nation in politischem Sinne bildet das czechische Volk gegenwärtig nicht und noch weniger einem Staat; dahin muß also das Streben zunächst gerichtet sein, das

Volk zur Nation und die Nation zum Staate auszubauen; Das ist es auch, was wir Streben nach Geltendmachung der politischen Nationalitätsidee der Czechen genannt haben und was die Grundlage ihrer Forderungen bildet. Da nun eine Nation „das Volk sammt seiner Regierung", und ein Staat die Nation sammt ihrem Territorium ist, so findet die Forderung der Czechen in erster Linie ihren Ausdruck in dem Streben nach Selbstregierung, d. h. nach Ausdehnung der Autonomie bis an die Grenze der, nur in einigen Punkten **nicht** angestrebten, Unabhängigkeit von der Centralregierung des Staates, zu dessen Factoren das czechische Volk gehört; in zweiter Linie in dem Streben nach Regenerirung der Rechte der böhmischen Krone, d. h. nach Vereinigung der Länder der böhmischen Krone, zu jenem Territorium, dessen die Nation für ihren Ausbau zum Staate bedarf. Die Forderung der Czechen ist **destructiver Natur**, denn sie drückt das Streben aus, sich in letzter Instanz aus dem staatlichen Verbande, der bis zur Personalunion gelockert werden soll, herauszuschälen und die Organisation des Gesammtstaates zu stören, das Streben wird **dadurch** nicht weniger destructiv, wenn man sich durch Entwerfung eines Föderationsplanes den Anschein gibt, als wolle man das Fortbestehen des Gesammtstaates nur in anderer — föderativer — Form. Diese **andere** Form ist eben die Blüthe der destructiven und centrifugalen Forderungen; denn diese werden gerade durch diese angestrebte „andere" Form auch auf die andern Völker und Volksfragmente verpflanzt und müßten zur vollständigen Auflösung des österreichischen Gesammtstaates führen. Sie sind aber auch **verwerflich**, weil sie sich nicht, wie etwa die destructiven Bestrebungen der Italiener zugleich constructiv, zu einem anderen Staate verhalten. Die gekrönten czechischen Bestrebungen, nämlich die wirklich erreichte Regenerirung der Rechte der böhmischen Krone und die Vereinigung der Länder dieser Krone unter ihrem Scepter, würden nicht dahin führen, daß die neu creirte politische Nation, sammt ihrem neu bemarkirten Territorium in einen bereits bestehenden andern Staatsorganismus, mit welchem sie in natürlicherem Zusammenhange steht, eingefügt und daß die Construction dieses Staates durch diese Annexirung vervollständigt werde. Ebenso wenig könnte aber die neucreirte politische Nationalität der Czechen sammt ihrem Territorium einen selbständigen Staat bilden; denn dieser müßte jeden Augenblick Gefahr laufen, die Beute des ersten besten Großstaates zu werden, der eben nur die Hand nach ihm ausstrecken wollte; es läge daher, wenn die Regierung Oesterreichs dem dahin zielenden destructiven Streben der Czechen oder ähnlicher Völkerfragmente selbst entschieden und hindernd in den Weg zu treten zu schwach sein sollte, den Großmächten die Pflicht ob, zu interveniren, damit die Weltpolitik nicht in ihrem naturgemäßen nivellirenden Fortschritte gestört und das Werk der Weltpolitik, das Staatengleichgewicht, nicht gefährdet werde. Vom Standpunkte der großen Politik, welche vermöge ihrer Aufgabe ebenso eine Gegnerin der kleinen politischen, wie die Cultur eine Gegnerin der kleinen ethnographischen Nationalitätsbestrebungen sein muß, läßt sich mithin der Realisirung der auf Geltendmachung der politischen Nationalitätsidee gerichteten Bestrebungen der Czechen kein günstiges Prognostikon stellen.

Sehen wir nun zu, ob sich diesen Bestrebungen, wenn wir das Verhältniß der Forderer zu den Forderungen im Auge haben, ein günstigeres Prognostikon stellen lasse.

Bei der Betrachtung dieses Verhältnisses müssen vor Allem die Mittel in Erwägung gezogen werden, die dem Zwecke dienen sollen, und da die Berufung auf das, den Bestrebungen zu Grunde liegende, Bedürfniß von den Czechen als ein solches Mittel betrachtet wird, so müssen wir zunächst die Natur dieses Bedürfnisses untersuchen. Wir fragen daher erstens: ist das Bedürfniß nach Geltendmachung der politischen Nationalitätsidee und „Regenerirung der Rechte der böhmischen Krone" vorhanden? Zweitens: ist, wenn das Bedürfniß vorhanden, dieses ein natürliches und daher wirkliches oder ein blos künstlich erzeugtes und darum nur eingebildetes? Ist ferner die Aeußerung desselben eine natürliche, wie im ersten Falle, oder eine blos gemachte, wie im letzteren?

Das Bedürfniß, welches dem Streben eines Volkes nach Verwirklichung der politischen Nationalitätsidee zu Grunde liegt oder liegen soll, kann, wenn es ein natürliches und wirkliches ist, entweder ein eben erst neu erstandenes oder ein wieder erwachtes sein, in beiden Fällen ist es jedoch nur dann ein natürliches, wenn das Volk sich den berechtigten Nationalitäten anreiht, d. h. wenn das Streben nach Geltendmachung der Nationalität eine Zukunft und Aussicht auf Erfolg hat. In diesem Falle erwächst dann entweder aus dem erstarkten Selbstbewußtsein der Stammesgenossen das Streben nach Ausbau des Volkes zur Nation und, wenn das Streben nach territorialer Abgrenzung gleichfalls zukunftsfähig ist, der Nation zum Staate, und ist das Bedürfniß, das dem Streben nach Geltendmachung der politischen Nationalitätsidee zu Grunde liegt, wie bei den Italienern, ein natürliches, wirkliches, doch eben erst erstandenes; oder die Berechtigung des Strebens nach Geltendmachung der politischen Nationalitätsideen wurzelt auch in der Vergangenheit, das Volk ist bereits einmal Nation oder Staat gewesen, hat jedoch durch politische Ereignisse, sei es nun durch Kriege oder friedliche Unterdrückung, diesen Charakter nach außen eingebüßt, während er nach innen insofern bewahrt worden, daß die Stammesgenossen auf ihre glorreiche Vergangenheit mit Stolz zurückblicken, sich an der Erinnerung begeistern und sich, wie zu Grunde gegangene ehrliche Kaufherren, nur nach einer günstigen Conjunctur sehnen, um durch Wiederentfaltung ihres ehemaligen Glanzes den heißesten Wunsch ihres Herzens erfüllen, ihre liebste Hoffnung realisiren zu können, welche theils durch Analogien aus der Vergangenheit, theils durch das Beispiel mitlebender Schicksalsgenossen genährt wird, dann ist das Bedürfniß ein wiedererwachtes. Wenn diese Merkmale nicht vorhanden sind, dann ist das Bedürfniß ein künstliches und kann einerseits von selbst entstehen, wenn, wie es gegenwärtig der Fall ist, Nationalitätsbestrebungen als epidemische Krankheiten grassiren, wobei ein Stamm sich an dem andern ansteckt, oder als eine „Mode" um sich greifen, die zum „Mitmachen" derselben verlockt; andererseits kann es aber auch ein noch künstlicheres, nämlich von Einzelnen erzeugtes sein, die es entweder aus persönlichem Eifer in dem Irrglauben erweckten, es werden aus diesem, wenn gleich künstlich erzeugten Bedürfnisse Thaten entspringen, die zu einer Regenerirung der ihrem Verfalle entgegen gehenden oder bereits verfallenen Nation führen könnten, oder einfach darum erweckten, um es und seine Consequenzen als Mittel für persönliche Zwecke auszubeuten.

Die Beantwortung der Frage, welcher Art das Bedürfniß sei, welches den politischen Bestrebungen der Czechen zu Grunde liegen soll, kann nach dieser vorausgeschickten Gliederung nicht schwer sein. Schon die Berufung der Czechen auf eine glorreiche Vergangenheit, die unaufhörlichen Declamationen von historischem Recht und Boden, Wiederherstellung von Rechten u. s. f. beweist, daß es sich hier um keine neue Nations- oder Staatenbildung handle, sondern um Wiederbelebung einer abgestorbenen, Wiederherstellung einer verfallenen, daß daher das vorhanden sein sollende Bedürfniß — ob von selbst oder par ordre wird sich zeigen — jedenfalls ein wiedererwachtes sein müsse. — Kein Vernünftiger wird die Rolle unterschätzen wollen, die die Czechen in der Geschichte, namentlich in der Geschichte der Glaubenskämpfe gespielt, durch welche sie gewissermaßen den ersten Spatenstich zu jener, wenn gleich blutigen, doch herrlichen Saat gethan, aus welcher die kostbarste Frucht unseres Jahrtausends, die Reformation, entsprungen; die Geschichte der czechischen Nation würde, ließe sich dieselbe bis auf den heutigen Tag als Geschichte der Nation

verfolgen, sogar ein weit regeres Nationalgefühl rechtfertigen, als wir
es bei dem czechischen Volksfragmente, bis zu welchem die Nation
heruntergebracht wurde, antreffen. Allein diese glorreiche Geschichte
ist längst abgeschlossen; die Geschichte Böhmens ist seit 240 Jahren
die Geschichte einer ganz anders zusammengesetzten Bevölkerung, nicht
mehr die Geschichte der reinen intacten czechischen Nation; diese hat
durch eine, für sie höchst traurige Schicksalsfügung, in der Schlacht
am weißen Berge ihr Grab und ihre Geschichte mit diesem ihren
Abschluß gefunden. Der Leichenstein des historischen Czechenthums
ist der Schlußstein der czechischen Geschichte und der Grundstein einer
neuen geworden; die Veränderungen, die während der nächst folgenden
200 Jahre mit Böhmen, wir müssen es zwar eingestehen, nicht vor=
gegangen, sondern vorgenommen wurden, haben dem Rest der Czechen —
die Gesammtbevölkerung war im J. 1638 auf drei Viertel=Millionen
zusammengeschmolzen — die Berechtigung zu schweren Klagen über ihr
Schicksal gegeben und wohl den Keim zu jener Bitterkeit gelegt, die
wir bei dem czechischen Volksfragmente antreffen; allein 200 Jahre
Geschichte lassen sich nicht auslöschen, wie die viel kleinere nur zehn=
jährige Geschichtsperiode der Ungarn, welche diese, um die Rechts=
continuität herzustellen, so gern auslöschen möchten und auch Dies
nicht völlig können. 240 Jahre können nicht nach rückwärts über=
sprungen werden, um auf den historischen Boden einer ehemaligen Rechts=
basis zu gelangen, denn auch Das, was während dieser zweihundert=
vierzigjährigen Periode geschehen, ist bereits historisch geworden und
kann von der jetzt lebenden Bevölkerung, wenn überhaupt das „Histo=
rische" im modernen Staatsleben zu einer solchen Rolle gelangen
dürfte, zur Grundlage für die Geltendmachung von politischen Bestre=
bungen genommen werden; und wenn man darauf erwidert, man müsse
auf einen weiter zurückliegenden Zeitpunkt zurückgehen, so muß auch
die Frage erlaubt sein, warum gerade blos bis zur Schlacht am
weißen Berge oder bis zur Ferdinandeischen Landesordnung, warum
nicht gar bis zu Georg von Podiebrad, bis zu den Luxenburgern, bis
zu Ottokar, bis zu Libussa, bis zu den **deutschen Markomannen**, bis
zu den Celten?

In den zwei Jahrhunderten, welche der Schlacht am weißen
Berge folgten, hat die Germanisation Böhmens erstaunliche Fort=
schritte gemacht. Ein Tourist, der Böhmen zur Zeit Kaiser Leopold's
bereiste, hat zwei Drittheile des Landes völlig deutsch gefunden. Jede
Spur selbstständigen politischen Lebens der politischen Nationalität der
Czechen ist während dieser beiden Jahrhunderte verloren gegangen.
In den Schulen des Landes wurde die Geschichte desselben nicht.

gelehrt, woher könnte eine Begeisterung für eine glorreiche Geschichte in einem Volke kommen, dem seine eigene Geschichte unbekannt war; und nun gar das Bedürfniß, welches der Geltendmachung der politischen Nationalität zu Grunde liegen soll, woher sollte es in einem Lande kommen, in welchem die politische Reife gar so wenig fortgeschritten, in welchem es, wie im Erzgebirge hochgelegene Dörfer, deren Bewohner noch keinen Sperling gesehen, noch czechische Ortschaften gibt, in welche noch kein Zeitungsblatt gekommen? Wenn daher dennoch jenes Bedürfniß als wieder erwacht erscheint, so ist es eben erst wieder erweckt worden. Mit Hülfe der ohnehin grassirenden Nationalitätsideen ist es bald gelungen, die Phantasie der Czechen an einer fast mythischen Vergangenheit so zu erhitzen, daß sie, einmal angesteckt, leicht in das erwünschte Nationalitätsfieber geriethen; die Mode und die Selbstgefälligkeit, die in der Regel durch das Mitmachen einer solchen Mode genährt wird, thaten das Ihrige hinzu. Die Josephinische Zeit, die doch den nationalen Bestrebungen der Czechen nichts weniger als günstig war, lebt dennoch frischer im Gedächtnisse des Volkes als die Ferdinandeische, und der Name des Kaisers Joseph ist in Böhmen unendlich populärer als der irgend eines böhmischen Königs. Keinem Menschen in ganz Böhmen, mit Ausnahme Jener, die es der Tendenz willen thun, wird es einfallen, von dem jetzt regierenden Kaiser und Könige anders als von dem „Kaiser" zu sprechen. Der Königsbegriff ist dem Volke völlig entfremdet worden. Um aber dennoch das Bedürfniß, das der Geltendmachung der politischen Nationalitätsidee zu Grunde liegen soll, als wieder erweckt erscheinen zu lassen, mußte an jenen längst entschwundenen, dem Gedächtniß des Volkes entrückten historischen Boden angeknüpft werden. Die schwachen Fäden, welche für eine solche Anknüpfung vorhanden waren, wurden benutzt, um von dem Boden der Gegenwart bis zu jenem historischen Boden über ein, von so vielen modernen Schöpfungen überfluthetes, Gebiet, eine Brücke zu schlagen, und so wurde im Namen des „politischen Fortschrittes" der größte Rückschritt, ja ein förmlicher Rücksprung versucht. Wer dieses Bedürfniß wieder erweckt und aus welchen Motiven es wieder erweckt worden, wollen wir hier nicht erörtern, denn dies würde uns zur Beurtheilung einzelner Persönlichkeiten führen, die uns leicht verlocken könnte, den objectiven Standpunkt, den wir bisher einzunehmen uns beflissen haben, zu verlassen. Allein wie edel und uneigennützig die Motive sein mögen, welche jene Männer bewogen, das in Rede stehende Bedürfniß zu erwecken, immer aber würde dieses ein nicht nur blos erwecktes, sondern auch ein künstlich erzeugtes sein; als künstlich erscheint es nicht nur aus den bereits angeführten Gründen, sondern auch noch aus vielen andern, denn nicht nur wohnt der Realisirung jener Bestrebungen, denn dieses Bedürfniß zu Grunde liegen soll, nicht jenes beglückende Element inne, welches ein wirkliches Bedürfniß zu befriedigen geeignet wäre, sondern auch die Analogie anderer Völker lehrt uns sogar, daß die N i c h t b e f r i e d i g u n g eines s o l c h e n Bedürfnisses, wenn sie durch geschichtliche Thatsachen evident geworden, von den betreffenden Völkern gar nicht als ein Unglück betrachtet wird und werden kann. In Preußen ist die eigentliche preußische Sprache in Folge der kräftigsten gegen sie in Anwendung gebrachten Gewaltmittel völlig ausgestorben, so daß heute Sprachforscher sich bereits ein Verdienst durch Auffindung von Resten dieser Sprache erwerben. Wird es aber heute einen Preußen geben, der es bedauern würde, daß es so gekommen sei? Können heute die Bewohner Sachsens untröstlich darüber sein, daß das wendische Element zu Grunde gegangen? Ja sehen wir nicht in Belgien immer mehr das vlämische Element vor dem französischen zurückweichen? Ist darum etwa Belgien minder fortgeschritten, minder hoch entwickelt und seine Bevölkerung minder glücklich?

Wahrlich, die Berufung auf das vorhandene Bedürfniß ist das schwächste Mittel, welches die Czechen für die Geltendmachung der politischen Nationalitätsidee in Anwendung bringen können, und nach diesem Mittel zu schließen, ließe sich abermals für die Realisirung dieses Strebens kein günstiges Prognostikon stellen.

Werfen wir nun einen Blick auf die übrigen Mittel, welche die Czechen bereits ergriffen oder zu ergreifen nicht zurückschrecken würden.

Je weniger das Streben einer Menge von einem wirklichen Bedürfnisse getragen ist, je weniger sich daher die Menge der Ziele und Zwecke so wie der aus der Erreichung erwachsenden Consequenzen bewußt ist, desto leichter artet ihr Streben in zügellosen Eifer und, wenn dieser von außen her noch von Selbstsüchtigen, die sich entweder zu Parteiführern aufwerfen oder auch, über diesen stehend, aus weiter Ferne aneifernd wirken, unterstützt wird, leicht in Fanatismus aus, der darum ein „blinder" genannt wird. Wohnt nun auch dem Fanatismus der Menge immer noch ein moralischerer Kern inne, als dem Eifer Jener, welche ihn angeregt, da der Fanatismus immer wenigstens von dem Glauben ausgeht, er diene einer vermeintlich guten Sache und diese werde durch die Erreichung vermeintlich wünschenswerther Ziele gefördert, so ist doch die nächste Blüthe des Fanatismus, des religiösen sowohl als des politischen, daß man eben in dem Ergreifen der Mittel nicht sehr wählerisch ist.

Diese Gleichgültigkeit in der Wahl der Mittel machte sich nun auch bei den Czechen bemerkbar. Links oder rechts saßen sie im Reichstage von 1848, je nachdem das Sitzen auf dieser oder jener Seite für die Geltendmachung der politischen Nationalitätsidee als geeignetes Mittel erschien; die Freiheit für das Linsengericht nationaler Präponderanz zu verschachern waren sie von jeher eben so bereit wie eine ultraliberale Gesinnung als Drohung zur Schau zu tragen. In der neuesten Zeit war natürlich mit diesen Mitteln Nichts auszurichten, denn weder der Köder des Illiberalismus von Seiten eines der von ihr beherrschten Völker kann heutzutage im Stande sein, eine Regierung von der Bahn abzulenken, welche ihr die Entwicklung des modernen Staatslebens vorgezeichnet, noch konnte eine Drohung hier fruchten. Die Czechen mußten daher ihrem Köder, resp. ihren Drohungen eine andere Richtung geben; da es nun der Regierung gegenüber nicht anging, so versuchte man es zunächst in jenen Kreisen, die nächst der Regierung am liebsten als die herrschenden erscheinen möchten, nämlich bei dem Klerus und dem Adel und einem Theile der Gesellschaft, der freilich nur von bildungs- und gedankenleeren, aber desto vorurtheilsvolleren Menschen des Strebens nach Herrschaft, besonders der Geldherrschaft verdächtigt wird, bei den Juden. Den beiden ersten Kreisen gegenüber wurde von dem Köder, dem letzteren gegenüber von der Drohung Gebrauch gemacht. So machte man von czechischer Seite den Versuch, eine clerical-nationale Verbindung und eine aristokratisch-nationale Coalition anzubahnen und den Juden gegenüber eine drohende Miene anzunehmen, um die den letzteren in Folge des tausendjährigen Druckes und Unrechtes, die sie erlitten, anklebende Zaghaftigkeit zu benützen.

Was die kirchlich-nationale Verbindung betrifft, so hat zwar die czechische Partei bis jetzt dieselbe nicht ausdrücklich zugegeben, aber nachdem sie ihr durch die Presse vorgeworfen worden, auch nicht besavouirt. Die Thatsachen sprechen für das Vorhandensein einer solchen; der heißeste Wunsch der Czechen, nämlich nach Krönung des Kaisers zum König von Böhmen, ist von dem Cardinal-Fürsterzbischof von Prag auf dem Landtage in Form eines Antrages ausgesprochen und mit großem Jubel von czechischer Seite aufgenommen worden. Nun wissen wir aber von Tetzel's Courszettel her, daß die Kirche Nichts umsonst thue und, auch was sie Nichts kostet, nicht ohne prompte Honorirung hergebe; da nun der Cardinals-Fürsterzbischof auch späterhin bei den Reichsrathswahlen im czechischen Sinne gewirkt, so ist das wohl hinreichender Grund, an das Vorhandensein eines Compromisses zu glauben, in welchem man sich von czechischer Seite, damit die nationalen

Bestrebungen durch die Kirche und von der Kanzel aus unterstützt werden, zu einer Nachgiebigkeit oder Nichtopposition in Sachen des Concordates verstanden haben wird; und damit die Kirche nicht von jenem Mißtrauen angesteckt werde, mit welchem man wohl sonst, seit den Reichsrathswahlen, wo die Czechen ihr, den Deutschen gegebenes, Wort gebrochen, ein von czechischer Seite angebotenes Compromiß betrachten dürfe, hat man sich durch das Eingehen dieses Compromisses als gut kirchlich gesinnt gezeigt und bewiesen, daß die Doctrin, der Zweck heilige die Mittel, durchaus nicht im Widerspruche mit den sonstigen Grundsätzen der Czechen stehe. Läßt es sich nun auch nicht leugnen, daß der Clerus theils durch die Czechifirung der Kirche, theils durch seine „Pflichten" im Stande sei, auf die nationale Entwicklung zu wirken und die Proselytenmacherei von dem religiösen auf das politische Gebiet zu übertragen, so hieße es doch Eulen nach Athen tragen, wollten wir über dieses für die Geltendmachung der politischen Nationalitätsideen in Anwendung zu bringende Mittel noch viel Worte machen, und das absprechende Urtheil, das wir über seine Berechtigung und Zweckdienlichkeit zu fällen gezwungen sind, erst weitläufig motiviren.

Die aristokratisch-nationale Coalition, die Ergänzung der böhmischen Landesfarben durch „das blaue" Blut zur slavischen Tricolore, wurde von der czechischen Partei eingestanden, und das Organ dieser, sowie das Organ der Junker betont diese, noch heute, wo sie bereits aufgehört eine solche zu sein, auf welche Czechen bauen können. — Schon in dem ersten Programme der Czechen war der Wunsch nach einer solchen Coalition ausgesprochen; in demselben hieß es, daß die Mitglieder des Adels, wollen sie ihre Thätigkeit der Verherrlichung der Nation widmen, als die ersten Söhne der Nation anerkannt werden sollen und daß man sich ihrer Führung anvertrauen würde, wo sie in politischer Klugheit und aufopferndem Patriotismus vorangehen würden. Im Punkte der politischen Klugheit sind die Adeligen auch den Czechen vorangegangen, sie haben nämlich richtig erkannt, daß die Bewegung der Czechen eine retrograde, reactionäre sei, und auf diese Seite der Bewegung richteten sie, da doch die Reaction so zu sagen ihr Beruf, in höherem Grade ihr Augenmerk als auf die nationale. Die Wiederherstellung der historischen Rechte mußte ihren aristokratischen Bestrebungen ebenso willkommen sein wie den Czechen, nur im feudalen statt im nationalen Sinne. So fand man sich denn gegenseitig im Fahrwasser der Reaction, die Entstehung eines von beiden Seiten aus egoistischen Gründen geschlossenen Bündnisses war natürlich, und bald waren die Küsse, die es besiegeln sollten, getauscht —

es waren Judasküsse! Die Czechen hatten ja in Ungarn zugesehen, daß der Adel sich an die Spitze der Bewegung gestellt hat, warum sollten sie vom böhmischen Adel nicht ein Gleiches erwarten? Freilich konnten ihnen die Tendenzen des böhmischen Adels nicht unbekannt sein, die schlecht zu einer freiheitlichen Entwicklung passen, aber was schadet Dies, wenn man die Nationalität über die Freiheit setzt, ja in gewissem Sinne, in dem nämlich, daß es auch dem Adel um Wiederherstellung des Rechtes zu thun sei, mußten ihnen diese Tendenzen sogar willkommen sein. Und der Adel?

Seine Stellung ist genugsam bekannt, wir können uns über dieselbe kürzer fassen. Daß die Stellung des böhmischen Adels, so klein die Anzahl seiner Glieder auch im Verhältniß zu der des Bürgerthums ist und so geringen Halt seine Ansprüche im Schooße der Bevölkerung haben — daß die Stellung des Adels eine mächtige sei, darüber darf man sich keiner Täuschung hingeben. Auch im Falle des Zusammenhaltens aller andern Parteien und der Unterordnung aller Parteibestrebungen unter diesen höhern Zweck wird man in ihm gegen eine feste Burg anzustürmen haben. Die Adelspartei hat — während keine andere die Mittel zur Vereinigung besaß oder von den in ihrem Besitz befindlichen keinen Gebrauch machen durfte — Gelegenheit gehabt, sich in der freiesten Weise zusammen zu schaaren. Zu einer Zeit, wo eine bürgerliche Versammlung in einem Gasthofe, wenn es nicht gerade gegolten einen Namenstag zu feiern, mittelst Gensdarmen aus einander gejagt worden wäre, war es der Adelspartei gestattet, freie Zusammenkünfte zu halten, Meetings zu veranstalten; es bedurfte nicht einmal eines Vorwandes, einer Jagd, einer Schlittenpartie. Da konnte sie die Laufgräben für die feste Burg ihres Zusammenhaltens graben, da konnte sie die Ketten für ihre Burgverließe schmieden, Munition für die Reichsrathsreden und ihr Zukunftsblatt sammeln; und fast nur aus Uebermuth ließ sie damals aus dem überflüssigen Pulver einige Raketen drehen und in Gestalt der bekannten Pamphlete und Programme, über die Köpfe der Menge hinweg, in die Luft steigen, die über das unerwartete Feuerwerk nicht wenig erstaunt war. Man unterschätzte dieses Geflunker und belustigte sich damit; aber man vergaß, daß es die Männer der Adelspartei mit dem Spaße sehr ernst genommen. Diese hatten sich organisirt, einexercirt und concentrirt, und als der Reichsrath kam, war die Folge dieser beharrlichen Vorarbeiten ein leider vollständiger Sieg.

Freilich mag jetzt diese Herren nach einem kurzen Siegestaumel ein Blick auf Ungarn nüchtern machen; aber die Parteien in Böhmen haben es doch noch immer nicht blos mit einer geschlossenen, sondern

auch mit einer sieggewohnten Phalanx zu thun, und es wird keine
kleine Mühe sein, diesen Herren, für die man jetzt in Ungarn, wo
man sie gleichwohl als Fremdlinge betrachtet, nicht einmal ein Wörtchen
des Dankes hat, zu beweisen, daß sie eigentlich nur für Andere die
Kastanien aus dem Feuer geholt haben. Die Hoffnung auf ein Landes-
statut im Sinne des zurückgenommenen Goluchowski'schen steierischen
war für diese Herren allerdings schon mit der Berufung Schmerling's
geschwunden.

Aber sie hatten auf dem Landtage immerhin eine mehr als hinreichend zahlreiche Vertretung und durch dieselbe das Mittel erhalten,
den etwaigen Ausfall an eigenen Truppen durch Hilfstruppen zu ersetzen.
Hierzu konnte sich Niemand besser eignen als die czechische Partei.
Hat doch schon vor langer Zeit ein Mitglied der böhmischen Aristokratie
den gewiß von hoher staatsmännischer Klugheit zeugenden Ausspruch
gethan: „Wenn alle Stricke reißen, bleiben uns noch die Czechen."
Nun denn, alle Stricke sind zerrissen, nur noch dieser letzte ist un-
versehrt geblieben, der nun dazu dienen sollte, den Rettungsanker
des Junkerthums in den Boden des nationalen Separatismus zu
schleudern.

Indessen zeigte es sich bald, daß die böhmischen Feudalen in ihrer
Gesammtheit durchaus nicht in dem Maaße geneigt seien, separatistische
Bestrebungen, um der eigenen Sache willen, zu unterstützen, als die Nationalen ihrerseits gewillt gewesen wären, die feudalen Interessen ihrer
eignen halber zu fördern. Was uns anfangs mit bangen Ahnungen für die
Zukunft erfüllte, war eben das Zusammenhalten der beiderseitigen Gesammt-
heiten, die compacte Masse der Hochtories einerseits und die geschlossene
Phalanx der Czechen andererseits. Beide Parteien sind aber eben durch
die erwähnte Coalition Nichts weniger als gestärkt worden; im Gegentheil möchten wir behaupten, daß sie gerade durch dieselbe in
demselben Maaße an innerem Zusammenhalt verloren, als sie nach
außen hin den Schein einer Bedeutung gewannen. Die Mitglieder
der böhmischen Aristokratie sind nämlich ebenso wenig alle national
gesinnt, wie alle Czechen mit den Tendenzen des Junkerthums ein-
verstanden. Die Coalition mußte also nothwendiger Weise auf der
einen Seite zur Ausscheidung der nicht national Gesinnten wie auf der
andern Derjenigen führen, die nicht gewillt sind, sich der Nationalitätsidee zu Liebe den Junkern mit Haut und Haaren zu verschreiben. Wir
haben es auf dem Landtage gesehen, daß sich ein Theil des Adels,
der deutsche, den Deutschen, ein anderer, der unentschiedene, der Mittel-
partei, wenn vielleicht auch gleichfalls nur, um in diesen Kreisen für
die aristokratischen Interessen zu wirken, angeschlossen; genug aber,

daß sich der Adel zerklüftete, gruppirte und daß nur eine Fraction den Czechen treu blieb, und so schrumpft denn die ganze Coalition, mit der so viel Aufhebens gemacht wurde, in Wirklichkeit auf ein Compromiß einiger weniger Persönlichkeiten zusammen, die zwar bei ihren Parteien als Stimmführer gelten und die auch wir in der That, so anfechtbar ihre Bestrebungen sein mögen, als die hervorragendsten Parteimänner gelten lassen wollen, die uns aber bis jetzt keinen Beweis geliefert, daß sie wirklich mehr als die Stimme zu führen vermögen, welche gerade, je lauter der Tumult, desto schneller verhallt, und daß sie wirklich eine Partei führen, wirklich einen Anhang besitzen, der über den Kreis einer gewissen Journalistencoterie hinausgeht.

Man beginge einen großen Irrthum, wollte man den böhmischen Adel für die Bestrebungen jener Mitglieder desselben verantwortlich machen, welche die mehrfach berührte Coalition eingegangen; aber man würde einen noch weit größern Irrthum begehen, wollte man das Czechenthum überhaupt dieser Coalition beschuldigen, welche einige seiner Vertreter mit jenen „hohen Herren" eingegangen. Gerade sie bewirkte die Zerklüftung der czechischen Partei in eine gemäßigte und eine ultra-nationale. Ein Theil der böhmischen Adeligen ist endlich zur Einsicht gelangt, daß ihnen aus einer allzu scharfen Betonung ihrer Vorrechte kein Heil erblühe, und sie thun sehr wohl daran, dasselbe auf anderem, natürlicherem Wege zu suchen; die bevorzugte Stellung, welche sie auf diesem Wege erreichen, wird ihnen aber auch Niemand streitig machen wollen, denn sie ist eine ehrlich erkämpfte, mit demselben Mittel errungene, mit welchem sie der Bürger auch erreicht, mit — der Arbeit. Es ist dies ein erfreuliches Zeichen der Zeit und berechtigt zu begründeten Hoffnungen für die Ausgleichung des Gegensatzes zwischen Adel und Bürgerthum in Böhmen, daß sich die Cavaliere immer mehr und mehr der Industrie zuwenden. Die Zahl der hocharistokratischen Industriellen wächst mit jedem Jahre, und es ist erfreulich, zu sehen, daß die Adeligen nicht blos die Namen hergeben, sondern selbst werkthätig in die Leitung ihrer Unternehmungen eingreifen. Es ist dies eigentlich eine Errungenschaft des letzten Jahrzehnts, und wir glauben nicht zu viel zu sagen, wenn wir sie als eine der besten Früchte des Jahres 1848 bezeichnen. Wir halten die Industrie, so paradox es auch klingen mag, für den eigentlichen Rettungsanker des Adels, nicht obgleich, sondern weil das industrielle Element das eigentlich minirende des Adelsprincips ist. Denn, verstehen wir die Bestrebungen des Adels recht, so laufen diese nicht gerade auf historisch verbriefte, sondern auf Vorrechte überhaupt hinaus. Im Industriestaate aber ist die Zurgeltungbringung von

Vorrechten, die sich auf nichts Anderes berufen können, als daß sie vor=
dem Rechtens waren, unmöglich, weil mit den Grundprincipien des
Industriestaates im Widerspruch. Um zum Ziele des „Vorrechts"
zu gelangen, muß der Adelige heutzutage denselben Weg einschlagen
wie jeder Andere; er muß nämlich, um zu einem Vorrechte zu
gelangen, vor Allem die, ein solches rechtfertigende, M a ch t erreichen.
Nun aber ist im modernen Staatsleben die von Intelligenz getragene
Industrie die einzig präponderirende Macht geworden. Läßt der Adel
dieses Mittel unbenutzt, überläßt er es der sogenannten „arbeitenden
Classe", auf die er so lange mit dem Stolze, welchen sein eigenes
Sicherheitsgefühl genährt, herabgesehen, welche aber unterdessen die
einzig herrschende Classe geworden, da nachgerade der arbeitende
Mensch der einzig und allein existenzberechtigte ist, so würde diese
Macht über kurz oder lang den Adel erdrücken. Der Adel ist die
Staffage des Absolutismus, aus ihm hervorgegangen, um ihn zu um=
geben, ihn in das rechte Licht zu setzen, ein mit erborgtem Schimmer
leuchtender Körper, welcher das Gestirn des Absolutismus umkreist;
allein „Nacht" muß es sein, wo diese Sterne strahlen. Die Sonne
der Industrie räumt die Bedürfnisse, welche die Grundbedingungen
des Absolutismus sind, weg, beraubt ihn seines Lebenselementes, und
der Adel müßte mithin, einem Weltgesetze weichend, wieder in das
Dunkel zurückkehren. Es ist also Nichts natürlicher, als daß der Adel,
um diesem Schicksale zu entgehen, sich der Zeitströmung anschließt,
die eine vorwiegend industrielle ist. Da nun aber die Adeligen in
reicherem Maaße als andere Gesellschaftsmitglieder, theils durch ihre
Reichthümer, theils durch die Möglichkeit, noch immer im Volke
wurzelnde Vorurtheile zu benutzen, die Mittel besitzen, in dieser
Strömung vorwärts zu kommen, so sind sie auch im Stande, auf
dem schnellsten und sichersten Wege die Stellung, deren Verlust sie
bedroht, durch eine neue zu ersetzen, die qualitativ der frühern weder
an innerem Werthe, noch an äußerem Glanze nachsteht, aber viel
gesunder und sicherer, weil n a t ü r l i ch e r ist. Ein Theil des
böhmischen Adels hat Dies auch richtig erkannt, und dieser Theil wird
auch eine natürliche Vertretung seiner Rechte auf dem Land= und
Reichstage finden, ohne zu künstlichen Mitteln seine Zuflucht nehmen
zu müssen; ja er wird sie in einem Maaße finden, wie ihm dieselbe
in den vergilbten historischen Actenstücken kaum reichlicher zugemessen
ist. Dieser Theil des böhmischen Adels kann aber keineswegs von dem
Gebahren der Coalitionsmänner, der Vaterlandshelden und Concordats=
ritter erbaut sein, deren Bestrebungen, selbst wenn sie eben so sicher
von dem eclatantesten Erfolge gekrönt würden, als sie, wenn nicht

alle Anzeichen trügen, sicher zu einer Schlappe führen werden, die Stellung dieser Partei gefährden würden. Die Stellung unserer industriellen Adeligen beruht auf denselben Grundlagen wie die unserer Industriellen überhaupt; jedes Mittel, durch welches die Industrie gestärkt und gehoben wird, kräftigt auch sie; die Schäden, welche der Industrie zugefügt, die Hemmnisse, welche ihr in den Weg gelegt werden, untergraben aber auch zugleich die Lebensstellung jenes Theiles des Adels, der richtig in der Industrie die conditio sine qua non derselben erkannt. Die Industrie kann nicht nur blos in der Atmosphäre möglichster Freiheit gedeihen, sie ist berufen, kraft ihrer präponderirenden Macht, wo noch Hemmnisse bestehen, diese niederzureißen, separatistischen Bestrebungen den Boden zu entziehen, wo solche bereits bestehen, wo derlei Gelüste aber erst im Entstehen sind, sie im Keime zu ersticken; kurz den Absolutismus aller jener Mittel zu berauben, welche er nur darum als Zwecke unterstützt, weil sie indirect ihn selbst als Endzweck fördern. Vor dem Forum der Industrie gibt es keine nationalen, confessionellen, socialen oder sonst welche Unterschiede, denn die Entfaltung aller ihrer Kräfte ist ihr Endziel, und diese kann nur auf dem Boden völliger Gleichheit vor sich gehen. Ist nun das Herstellen dieser Gleichheit ihre Aufgabe, und liegt die möglichste Erhaltung derselben im Interesse Derer, die ihr ihre Stellung zu verdanken haben, so bedarf es nicht erst einer Beweisführung, daß das künstliche ganz unnöthige Aufbauen von Gebietsschranken, das Schaffen eines erkünstelten hohlen Völkerantagonismus, die Anpflanzung jener zersetzenden Giftpflanze des nationalen Separatismus den Entwicklungsproceß der Industrie hemmen müsse, ihren Bedürfnissen schnurstracks entgegen laufe und die Existenz Derjenigen untergrabe, welche sich um ihre Fahne geschaart. So lange unsere Adeligen die Ruinen ihrer Burgschlösser als Fundgruben für die Errichtung von Fabriksetablissements betrachten und sie nur als Baumaterial dieser verjüngten natürlicheren Adelssitze ansehen, sind sie auf gutem Wege, ihre sociale Stellung zu regeneriren; sobald sie sich aber der Idee gefangen geben, daß sich die alten Sitze wieder herstellen lassen, verrennen sie sich in dem Gedanken eines Babelthurmbaues, wie ihn mehrere unserer Feudalen bereits begonnen. Die Sprachverwirrung haben sie schon herbeigeführt, und wenn sie endlich an die Spitze gelangt sein werden, wird auch bereits jedes Verständniß zwischen „unten" und „oben" in erwünschter Weise verloren gegangen sein. Sie werden, der Gefahr ausgesetzt, jeden Augenblick herabzustürzen, vereinsamt oben stehen; sie werden nach Mörtel schreien, um das unnatürliche Bauwerk zusammen zu halten, aber die Leute von „unten", die ihnen anfangs, den Vorspiegelungen leichtgläubig trauend, geholfen haben, werden hohnlachend die Achseln zucken und rufen: „Wir verstehen euch nicht mehr!"

Aber selbst in den Augen Derer, die dennoch an ihrem Streben, ihre aristokratischen Interessen durch Geltendmachung historischer Rechte zu wahren, festhalten, hat die Coalition mit den Nationalen ihre Bedeutung verloren, seitdem die Zusammensetzung des Herrenhauses gezeigt, daß die Feudalen in demselben, als Körperschaft an der Regierung theilzunehmen befähigt, ein besseres Mittel für die Erreichung ihrer Zwecke erhalten haben, als für sie die Verbindung mit den Nationalen je werden könnte, durch welche sie sich, indem sie sich den Schein geben, destructive Tendenzen zu unterstützen, denn doch der Regierung gegenüber compromittiren würden, was um so weniger angeht, als sie, wenn das Herrenhaus gleich mehr oder weniger nur eine Adelskammer ist, selbst einen Theil der Regierung bilden.

Die aristokratisch-nationale Coalition kann also ebenso wie die kirchlich-nationale nur ein sehr zweifelhaftes Mittel für die Geltendmachung der politischen Nationalitätsideen abgeben.

Was die Drohung gegen die Juden betrifft, so ist dieselbe schon in dem ersten Programme der Czechen ausgesprochen. In diesem heißt es wörtlich: „man versichere diejenigen unter ihnen (den Juden) der besondern Achtung der Czechen, die ihre Theilnahme aufrichtig der Nation widmen; aber daß jene Achtung auch jenen Israeliten gewährt werden sollte, welche den Czechen nicht das geringste Mitgefühl äußern und böswilliger als irgend ein Fremdling ihre heiligsten Interessen antasten, das schreibe nicht einmal das Gesetz Christi vor." Später wurde einem deutschen jüdischen Landtagscandidaten mit Mord, wenn er gewählt, und dem von Juden bewohnten Wahlbezirke mit dem rothen Hahn gedroht, wenn er ihn wählen würde; noch später wurde einem jüdischen czechischen Deputirten, der redlich mit den Czechen auf dem Landtage gestimmt, das Haus gestürmt, die Scheiben eingeworfen und er selbst auf das Gröbste insultirt, weil er angeblich nicht immer mit den Czechen gestimmt. Da nun diejenigen Juden, welche früher deutsch gesinnt waren, es wohl auch in Zukunft bleiben werden, so verzichten wir darauf, das Mittel, welches in diesen Drohungen für die Realisirung der nationalen Bestrebungen liegen soll, einer weitern Untersuchung zu unterziehen, es würde uns auf ein Capitel führen, dessen unerquickliche Erörterung wir uns und dem Leser ersparen wollen.

Wir haben nun gesehen, daß keines der von den Czechen angewendeten Mittel den Zweck der Geltendmachung der politischen Nationalitätsidee fördern könne, daß dieser nur ein künstlich erwecktes Bedürfniß zu Grunde liege und daß sie mit dem politischen Fortschritte im Widerspruche stehe; es sind mithin die **politischen** Bestrebungen der Czechen ebenso wenig wie die ethnographischen, auf Geltendmachung der Race abzielenden zukunftsfähig. Der vorübergehende politische Sieg, den die Czechen erfochten und günstigen vorüberziehenden Constellationen verdanken, darf uns nicht irre machen, er ist so wie der vorübergehende sprachliche Sieg ein nur scheinbarer, vorübergehender; wenn die Czechen auch bei den Wahlen in den Gemeinderath, in den Landtag und Reichsrath einen vorübergehenden Sieg erfochten, so hat derselbe keine höhere Bedeutung und kann ebenso wenig für den endlichen letzten Ausgang des Kampfes maßgebend sein, als die vorübergehende par force betriebene Czechisirung des Landes; wie diese gegenüber der nivellirenden Cultur sich nicht als stichhaltig erweisen wird, ebenso wird das nivellirende Element der Politik über diese kleinen Siege hinweg sich verbreiten und durch diese die große, erleuchtete Politik in ihrem siegreichen Fortschritte zu ihrem dauernden Triumphe nicht gehindert werden. Die Wahrheit unserer Behauptungen wird durch diese transitorischen Erscheinungen nicht getrübt, und das czechische Volk ist deshalb unter jenen Völkern und Völkerfragmenten, die wir gegenwärtig auf dem Schauplatze nationaler Kämpfe antreffen, zu den — **nichtberechtigten Nationalitäten** zu zählen.

Daß den Czechen selbst diese Urtheile und die aus ihnen gezogenen Schlüsse einleuchtend erscheinen müssen, beweist der Umstand, daß sie sich für die Erreichung jenes früher von uns bezeichneten höhern Zieles, zu welchem sich die beiden bisher erörterten Bestrebungen eben nur als Mittel verhalten, noch eines dritten Mittels bedienen wollen. Jenes höhere Ziel (vergl. oben S. 12) ist die Verwirklichung der, eine Suprematie über das Deutschthum anstrebenden, separatistischen Tendenzen, welche **politisch** in der Regenerirung der in dem Begriffe „Rechte und Länder der böhmischen Krone" ausgedrückten ehemaligen staatsrechtlichen Stellung Böhmens, **social** aber in der systematischen Czechisirung dieses Landes ihren Ausdruck finden sollen.

Das Mittel, welches zu diesem Ziele führen soll, ist die Schöpfung einer **neuen** politischen Nationalität an der Stelle der blos czechischen, nämlich der politischen Nationalität der „Böhmen slavischer und deutscher Zunge."

Selbst wenn wir über diese Carricatur vom Wort, Nationalität zweier Zungen, hinauskommen könnten, so können wir doch diese Carricatur von Begriff nicht fassen, die, gesucht und gemacht wie sie ist, wohl ihres Gleichen suchen dürfte.

4*

Während es in dem mehrfach erwähnten Programme heißt: „Wie die Czechen die andern Slavenstämme lieben, so finden sie auch unter ihren geliebten Nachbarn — der Mähre wird als alter ego des Czechen hingestellt — den Südslaven aufrichtige Sympathien, und in diesem Gemeingefühle des großen Slaventhums beruht die Zuversicht des endlichen Sieges." Soll nun, damit diese Zuversicht ja keine täuschende werde, eine böhmische Nationalität slavischer und deutscher Zunge geschaffen werden, zunächst damit auch die Deutschen als ein Theil dieser neuen Nationalität die Wünsche, welche aus jenem Gemeingefühle des großen Slaventhums entspringen, realisiren zu helfen sich veranlaßt sehen mögen? Ist es gleich Wahnsinn, kann man sagen, so hat er doch Methode. Man hat es nämlich im czechischen Lager einsehen gelernt, daß sich die staatsrechtliche Aenderung, durch welche die Suprematie des Czechenthums erzielt werden soll, denn doch nicht leicht auf den Wunsch einer Fraction der Landesbevölkerung allein vornehmen lasse, daß vorerst ein Modus ausfindig gemacht werden müsse, unter welchem auch die andere Fraction diese Aenderung befürworten könne, und ist diese Aenderung einmal durchgeführt, dann, glauben diese schwärmerischen Phantasten, es würden der Vollbringung der zweiten That, in welcher die angestrebte Suprematie ihren Ausdruck finden soll, der Czechisirung Böhmens, keine großen Hindernisse mehr im Wege stehen.

Die Bezeichnung „böhmisch", an welcher bisher kein Deutscher Anstoß genommen haben würde, hat hiedurch eine tendentiöse Bedeutung erhalten und nun ist die, nichts Gutes im Schilde führende, Absichtlichkeit der Czechen so klar am Tage, daß es endlich auch an der Zeit ist, von deutscher Seite energisch gegen den Mißbrauch der ihnen, im Verein mit der zweiten Nationalität, beigelegten Bezeichnung in noch viel energischerer Weise zu protestiren, als die Czechen Veranlassung haben, die fernere Beibehaltung dieses Wortes, jedoch in einem andern als dem herkömmlichen Sinne, energisch zu verlangen.

Es ist in der That hohe Zeit, nicht länger auch da noch von böhmischen Angelegenheiten, böhmischen Interessen u. s. w. zu sprechen und hören zu müssen, wo es sich nur um eines der beiden bereits in einen Gegensatz zu einander getretenen Elemente handelt. Wenn man sagt, die Deutschen in Böhmen hätten in ihren Beziehungen zum Gesammtstaate böhmische Interessen, ja daß alle Fragen, welche beide Nationalitäten berühren, wie z. B. industrielle 2c., „böhmische Fragen" nicht nur genannt werden können, sondern müssen, so versteht man unter diesen Fragen und Interessen nur die österreichischen, gebraucht aber die Bezeichnung „böhmisch" nur um die engere Heimat der von diesen Interessen und Fragen Berührten zu bezeichnen, und der Deutsch-Oesterreicher nennt sich in diesem Falle einen Böhmen, wie er als Salzburger sich einen Salzburger, oder wie sich ein Preuße, der in Brandenburg geboren, nur einen Brandenburger nennen wird. Mit höchstem Mißmuthe muß es aber Jeden, der eben kein Heuchler ist, erfüllen, wenn diese Bezeichnung auch da gebraucht wird, wo es sich um Angelegenheiten handelt, deren Austragung jeder der beiden Nationalitäten überlassen werden muß, wenn z. B. vom „böhmischen Theater" statt vom „czechischen", ja sogar von „böhmischer" Sprache statt von „czechischer" die Rede ist. Daß sich diese mißbräuchliche Bezeichnung auch in anderer Richtung eingebürgert hat, ist nur zu bedauern, weil sie eben jetzt Anlaß zu tendentiöser Ausbeutung gibt, und nicht als Grund für ihre Beibehaltung anzuführen. Daß die Czechen gegen die Substituirung des Wortes „czechisch" für das Wort „böhmisch" protestiren, liegt in der Natur der Sache, und daß sie auf die Wahl dieses Ausdruckes ein so großes Gewicht legen, daß sie dieselbe als Principienfrage gleich am dritten Sitzungstage des Landtages zur Sprache brachten, liefert den Beweis, daß diese Frage für sie denn doch von einer besondern Wichtigkeit sein müsse. Ueber die Nothwendigkeit der Bezeichnung czechisch kann Niemand im Zweifel sein. Sollte man etwa die Bestrebungen der Ultranationalen statt „czechisch" „böhmisch" nennen und dadurch andeuten, daß sie die Bestrebungen der Bewohner Böhmens überhaupt (auch der deutschen) seien? Kein Vernünftiger wird Dieses wollen! Aber darin liegt auch der Grund, weshalb sich die Czechen dagegen sträuben, daß in deutscher Sprache eine Bezeichnung angewendet werde, deren sie sich selbst in der ihrigen bedienen und die ihnen ihr eigener Historiograph Palacky in seiner deutschen Geschichte Böhmens giebt. So lange aber die separatistischen Bestrebungen in den Deckmantel der gesammtländischen Bezeichnung „böhmisch" gehüllt werden können, werden dieselben für geschützt gegen die scharfe, von außen kommende Luft gehalten; dieser Hülle entkleidet, könnte sie leicht die Kälte ringsum erstarren lassen! So lange die Czechen ihre Bestrebungen „böhmische" nennen können, ist die Hoffnung nicht erloschen, für dieselben auch in nicht czechischen Theilen des Kronlandes Propaganda zu machen. Diese Hoffnung muß ihnen aber von den Deutschen auf das Gründlichste benommen werden, die Deutschen in Böhmen müssen die Zumuthung zurückweisen, im Verein mit den Czechen als „böhmische Nationalität" zu gelten. Das Ziel, welches durch das angebliche Streben dieser erst neu zu schaffenden politischen Nationalität erreicht werden soll, kann auf die Deutschen in

Böhmen keine Anziehungskraft ausüben, weil die Betheiligung der Deutschen an diesem Streben eine widersinnige, zum eigenen Ruine führende wäre, da doch die Suprematie des Czechenthums das eigentliche Endziel ist. Für die Deutschen in Böhmen hat das Danaergeschenk der böhmischen Krone Nichts Verlockendes, man wird ihnen umsonst Sympathien für das b ö h m i s ch e Wappen, für das b ö h = m i s ch e Scepter, für den b ö h m i s ch e n Königsmantel einzuflößen versuchen. Das sind für sie Insignien einer vergangenen Zeit, die dem historischen Museum anheimgefallen; die Anhänglichkeit der Deutschen Böhmens für den b ö h m i s ch e n König ist längst in die für den ö s t e r r e i ch i s ch e n K a i s e r aufgegangen, und durch eine böhmische Königskrönung kann dieses Band nicht fester geknüpft werden, als es schon ist. Die Deutschen in Böhmen wissen es wohl, daß der böhmische Thronsessel, wie ihn die Czechen zu errichten wünschen, nur auf den S a r g d e s D e u t s ch t h u m s gestellt werden kann; die Hand hiezu bieten, hieße sich selbst lebendig begraben, und die Hand hiezu w ü r d e g e b o t e n, wenn die Czechen in der Schöpfung der neuen böhmischen Nationalität von den Deutschen unterstützt würden. Diesem Streben der Czechen gegenüber müssen die Deutschen in Böhmen energisch Opposition machen, im Gegensatz zu jener Gemüthlichkeit, mit welcher sie die Racenbestrebung der Czechen, das Streben, die ethnographische Nationalität sprachlich zur Geltung zu bringen, mit ansehen dürften; gegen den Versuch der Czechen, jene neue politische Nationalität zu schaffen, müssen sich die Deutschen, die sich nicht dazu hergeben können, ein Bestandtheil dieses mixtum compositum von Nationalität zu werden, mit aller Kraft geistigen Zusammenhaltens und materieller Vergesellschaftung stemmen, wenn sie nicht zu unnatürlichen Factoren einer unnatürlichen, in sich unwahren h i s t o r i s ch = p o l i t i s ch e n Individualität benützt, zu Heloten des Czechenthums begrabirt, zu czechischlivrirten Schleppträgern des böhmischen Königsmantels herabgewürdigt werden wollen, welche Stellung, wenn nicht alle und jede historische Gerechtigkeit, alle Gesetze der Völkerentwicklung mit Füßen getreten werden sollen, niemals eine Bevölkerung in einem Lande einnehmen kann, das ihr Alles, was auf dem Gebiete der Cultur und Bildung Großes geschehen, zu verdanken hat. Wenn die Czechen ihr Ziel erreichen wollen, so sollen sie sich hiebei nur auf auf ihre eigene c z e ch i s ch e Nationalität stützen, czechische Forderungen stellen, Föderativpläne entwerfen u. s. f., der Erfolg wird sich ja zeigen; die Deutschen in Böhmen werden sich nie zu Genossen solcher Forderungen machen lassen dürfen, sie müssen, so lange Oesterreich besteht, ihre Existenz mit der des Gesammtstaates identificirend, damit diese Existenz eine dauernde, fest begründete werde, die liberale, nicht administrative, sondern constitutionell-politische Centralisation befürworten, sie werden sich, in Böhmen wohnend, als Oesterreicher, als Großösterreicher fühlen und stets den Zusammenhang mit ihren deutschen Brüdern im „Reiche" treu und scharf im Auge behalten. Sei es nun, daß dieser Zusammenhang durch die bisher zu Recht bestehende bundesstaatliche Zusammengehörigkeit Böhmens mit dem übrigen Deutschland aufrecht erhalten bleibe, sei es, daß durch Bundesreform eine andere Regelung des Zusammenhanges der Deutschen in Böhmen mit den Deutschen Gesammtdeutschlands in anderer Weise herbeigeführt und festgestellt würde; daß sie mit den Czechen in einen Topf zusammengeworfen würden, um in demselben mit diesen zu einer neuen politischen Nationalität, der „böhmischen Nationalität deutscher und slavischer Zunge", zusammenzuschmelzen, Das können und dürfen sich die Deutschen nicht gefallen lassen.

Freilich gibt es auch unter den Deutschen solche, welche Nichts sehnlicher wünschen, als die Schöpfung eines solchen Nationalitätsamalgams, mit welchem sie ihre ausdruckslosen Gesichtszüge schminken könnten.

Zu ihnen gehören Diejenigen, die entweder selbst nicht wissen, welcher Nationalität sie angehören, oder nicht den Muth haben, Dieses einzugestehen. Sie möchten auf eine dahin zielende Frage am liebsten die Antwort geben, welche man von Kindern erhält, wenn man sich erkundigt, wen sie lieber haben, Vater oder Mutter. Wie Kinder lieben sie die Schaukel, bekommen aber Bauchgrimmen, wenn der Wind die Hutschel, in der sie sitzen, bewegt. „Entweder — Oder" sind Schreckensworte in ihrem Lexikon, sie sprechen Deutsch und Böhmisch, Böhmisch und Deutsch. Sie wollen Censur und Preßfreiheit, unterzeichnen ein Programm, das alle Stände gleichstellt, und sind Actionäre des „Vaterland", schwärmen für Gleichstellung der Confessionen und abonniren auf den „Volksfreund". Aber man nimmt ihnen alles Das nicht übel, denn sie sind gute Leute, haben nur die Schwäche, daß sie sich gern nennen hören, und begnügen sich nicht damit, Dieses bei Gelegenheit wohlthätiger Sammlungen zu erreichen. Viele von ihnen fallen jetzt der czechischen Propaganda zur Beute; die deutsche Partei verzichtet auf ihre Anwerbung. Welcher Partei sie sich indessen zuwenden, oder ob sie in der „Mitte" bleiben und da selbst eine Partei spielen, immer sind sie in einer ernsten Zeit traurige Gestalten. Wenn die Wogen höher gehen, kriechen sie ins Bett und stecken durch ihr seekrankes Aussehen Gesunde an. Es wäre besser, sie blieben ... procul negotiis bobus suis. ...

Ihnen wäre natürlich diese neue Schöpfung einer „böhmischen Nationalität" im höchsten Grade willkommen, durch die sich diese furchtsamen Herren nach allen Richtungen hin geschützt fühlen würden, und die Czechen scheuen sich auch nicht, sich auf diese Leute zu berufen.

Das „Gemachte" dieser Bestrebung, die sich, wie das „gemachte Nationalkleid", beliebig erweitern und einengen läßt, liegt auf der Hand und es ist kein Wunder, wenn die Regierung derselben eben nur mit „gemachten" Concessionen entgegen kommt. Als eine solche „gemachte" Concession ist die Einwilligung des Kaisers, sich in Prag zum Könige von Böhmen krönen zu lassen, zu betrachten. Die Krönung kann und wird eben nur ein Schauspiel, keine Staats-action sein; weder die Rechte, noch der Ländercomplex der böhmischen Krone können und dürfen durch dieselbe hergestellt werden; die ersten sind in die Rechte der österreichischen Krone, der letztere in den Ländercomplex des österreichischen Kaiserstaates aufgegangen. Es wäre daher sehr wünschenswerth, daß die Krönung noch vor der Wiedereinberufung des Landtages erfolgen möge, damit der Landtag nicht verlockt werde, durch Discussionen über den Krönungseid ꝛc. Principienfragen aufzunehmen, die leicht dahin führen könnten, dem Krönungsschauspiele die Bedeutung einer Staatsaction geben zu wollen, welche sie nie und nimmermehr erhalten kann und darf.

Ein Blick auf das Gesagte zurückgeworfen zeigt, daß der Versuch, eine neue politische Nationalität der Böhmen beider Zungen zu schaffen, nicht nur ein gewagter, sondern auch ein völlig fruchtloser sei, mithin als Mittel für die Erreichung der Suprematie des Czechenthums in Böhmen nicht gelten könne, daß daher die Erreichung dieser selbst unmöglich sei.

Recapituliren wir nun die Ansichten, die wir aus der Betrachtung der nationalen Bewegung in Böhmen vom objectiv-kosmopolitischen Standpunkte aus gewonnen, so gelangen wir zu dem Resultate, daß keine der beiden Strömungen, welche die Bewegung in sich vereinigt, eine zukunftsfähige sei. Nur muß der Unterschied gemacht werden, daß die Zukunftslosigkeit der ethnographischen, auf Geltendmachung der Race gerichteten, Strömung durch kein Mittel von Seite der zweiten Nationalität gefördert werden dürfe, und es dem Culturelemente überlassen bleiben muß, diese Strömung zu besiegen, wodurch das Culturelement, eben weil es nicht forcirt wird, sich in der ganzen ihm innewohnenden Macht zeigen kann, während der zweiten, auf Geltendmachung der politischen Nationalitätsidee abzielenden Strömung, obzwar sich auch hier die nivellirende Macht der großen Politik zeigen muß, dennoch, weil eben die Macht der Politik mehr als die der Cultur dem Einflusse des Individuums unterworfen ist, von Seite der zweiten Nationalität auf das Energischste entgegen getreten werden muß, sobald die **politische** Stellung dieser zweiten Nationalität bedroht wird. **Da nun diese beiden Strömungen nicht als zukunftsfähig erscheinen können, so kann auch die Bewegung, welche sie in sich vereinigt, zu keinem Ziele führen und ist daher, vom objectiv-kosmopolitischen Gesichtspunkte aus, als eine zukunftslose zu beurtheilen.**

Wir haben nun, bevor wir diese Blätter schließen, nur noch einige Worte darüber hinzuzufügen, wie wir über die nationale Bewegung in Böhmen denken, wenn wir sie vom **subjectiv-individuellen** Standpunkte aus betrachten; über die **politische** Bestrebung der Czechen gelangen wir, auch von diesem ausgehend, zu keinem andern Urtheile als dem bereits oben ausgesprochenen. Anders aber gestaltet sich unser Urtheil über die ethnographischen Bestrebungen.

Vom subjectiv-individuellen Standpunkte aus betrachtet, ist das czechische Volk wie alle andern Völker berechtigt, die Geltendmachung seiner nationalen Eigenthümlichkeiten mit allen ihm zu Gebote stehenden rechtlichen, und auf sittlicher Grundlage ruhenden, Mitteln anzustreben, wenn auch dieses Streben, vom objectiv-culturhistorischen Standpunkte aus betrachtet, keine Aussicht auf Erfolg hat; denn die Macht, welche einem solchen Streben den Erfolg unmöglich macht, ist eben keine menschliche, sondern eine höhere göttliche, das ist die Cultur, die allgewaltige, in ihrer reinsten Bedeutung.

So wie die Natur es ist, die von einem lebensunfähigen und lebensunkräftigen Individuum das Absterben, den Tod verlangt, so verlangt auch die Cultur von einem in culturhistorischer Beziehung lebensunfähigen und lebensunkräftigen Volke das Absterben, die Auflösung, den natürlichen Tod.

Wie aber dem Streben des Individuums nach Selbsterhaltung und möglichst weiter Hinausschiebung des Endes nicht nur eine Berechtigung, sondern eine Pflicht zu Grunde liegt, so ist es auch bei dem Volke der Fall; und wie der Mensch den mitlebenden Menschen nicht in seinem Streben nach Selbsterhaltung hindern darf und sein Ende nicht herbeiführen oder beschleunigen kann, ohne sich eines Mordes schuldig zu machen, so darf und kann es auch kein Volk dem mitlebenden Volke gegenüber.

Wenn wir bei Betrachtung der ethnographischen Bestrebungen der Czechen vom objectiv-kosmopolitischen Standpunkte aus sagten, daß ihnen die Regierung bei der Geltendmachung der Nationalitätsidee nicht in den Weg treten solle und dürfe, und daß unsere Regierung besser gethan hätte, wenn sie diesen Bestrebungen niemals in den Weg getreten wäre, so ist, wenn wir die Bestrebungen vom subjectiv-individuellen Standpunkte aus betrachten, ein solches Entgegentreten aus rein menschlichen Gründen verwerflich.

Der staatskluge Mann, der gegenwärtig in Oesterreich das Portefeuille des Staatsministeriums trägt, das aber jeden Augenblick aus einem Portefeuille der innern Angelegenheiten in eines der äußern Angelegenheiten umzuschlagen droht, Ritter von Schmerling, der Verfechter der liberalen Centralisation, sagte in seinem Rundschreiben: „es müsse den einzelnen Nationen überlassen bleiben, das geistige Capital, das in immer weitern Kreisen befruchtend wirken soll, entweder aus sich selbst hervorzubringen oder aus dem Reichthume einer in der Entwicklung weiter fortgeschrittenen Sprache selbstthätig zu entlehnen." Niemand wird verkennen, daß hier dem Staatsminister die czechischen Verhältnisse vorgeschwebt haben und daß mit diesen Worten zugleich die mit der andern Nationalität völlig gleichgestellte Arena für die Bestrebungen der Czechen bezeichnet ist, eine Arena plan und weit, weder durch Unebenheiten noch durch Einengungen den Spielraum beeinträchtigend.

Auf dieser Arena darf der Entwicklung und dem Streben der Czechen von keiner Seite entgegengetreten werden. Die Deutschen in Böhmen haben stets diesen Grundsatz befolgt, und man könnte ihnen wahrhaftig nicht, ohne ein Verleumder zu sein, den Vorwurf machen, sie hätten die Czechen in ihrer Entwicklung gehindert. Die geistige Präponderanz der Deutschen in Böhmen ist, wie wir gesehen haben, die Wirkung des vermöge seiner natürlichen Trägheit vordringenden deutschen Culturelements, nicht die Folge deutscher Energie.

Allein das Gewährenlassen und Nichthindern ist nur so lange geboten und am Platze, als die zweite Nationalität sich für den Zweck ihrer Selbsterhaltung auf sittlicher Grundlage beruhender Mittel bedient. Der Mensch, sagten wir, darf die Selbsterhaltung des Nächsten nicht hindern, aber diese Selbsterhaltung darf auch nicht auf Kosten des Nächsten gefördert werden. Wenn die Erhaltung eines Kranken durch ein Mittel gefördert oder bewerkstelligt werden soll, das den Tod seines Nächsten mit sich bringt, so muß der Kranke dieses Mittel verwerfen; denn er beginge ebenso einen Mord, wie Jener, der ihn in seiner Selbsterhaltung hindert. Bei Völkern ist

Dasselbe der Fall, und jeder Schritt über die Grenze der Gleichberechtigung, der in einem Lande, wo zwei Völker neben einander wohnen, von dem einen derselben gethan wird, ist, wenn man die Volksbestrebungen vom subjectiv=individuellen Gesichtspunkte aus betrachtet, auch der erste Schritt, um das Brudervolk des Lebens zu berauben. Leider haben die Deutschen in Böhmen manche Gründe, die czechische Auffassung von Gleichberechtigung mit mißtrauischem Auge zu prüfen und in dieser Beziehung Pessimisten zu sein. Daß die Czechen beständig von einem Kampfe sprechen, ist ein solcher Grund.

Ein Kampf zwischen zwei Nationalitäten, deren völlige Gleichberechtigung von ihnen selbst anerkannt worden und mit deren Durchführung die Regierung beschäftigt ist, ist nur dann möglich, wenn die eine oder die andere den Boden der Gleichberechtigung verläßt und die andere in der Zurgeltungbringung dieser hindern will. Freiheitliche Entwicklung nach allen Richtungen ist das angestammte Erbgut der Nationalitäten Böhmens, ein Erbstreit könnte nur aus dem Ansinnen der einen oder andern, für sich einen größern Theil in Anspruch zu nehmen, erwachsen. Nichts steht den Czechen im Wege, sich neben den Deutschen in gleicher Weise zu entwickeln; es kostet keinen Kampf, — es müßte denn ein innerer Kampf des Nationalstolzes gegen das, andere Wege befürwortende, Zweckmäßigkeitsgefühl sein, und es könnte das Gelingen folgerichtig auch noch immer kein Sieg genannt werden. Wenn aber dennoch die Czechen von Kämpfen sprechen, so geht schon daraus hervor, daß es sich hier nicht mehr um einen rechtlichen Besitz handle, den ihnen Niemand streitig macht, sondern um einen Angriff auf das, nicht minder rechtliche, Eigenthum der zweiten Nationalität.

In diesem Falle sind die Deutschen, auch vom subjectiv=individuellen Standpunkte aus betrachtet, nicht blos berechtigt, sondern verpflichtet, um ihrer eigenen gegenwärtigen Selbsterhaltung willen — denn nur in Betreff des endlichen künftigen Sieges können sie auf die Macht des deutschen Culturelementes vertrauen — energisch aufzutreten und sich zur Gegenwehr zu rüsten; vor Allem aber als umsichtige Grenzwächter die Linie der Gleichberechtigung zu hüten. So lange diese ausreichen, wird sich das Deutschthum in diesem, hoffentlich noch vermeidlichen, Kampfe, der nur ein Vertheidigungskampf sein kann und darf, nur geistiger Waffen bedienen. Sollte aber dieser Kampf dennoch von dem geistigen Boden auf den materiellen hinübergespielt werden, dann mögen die Deutschen in Böhmen nach Deutschland blicken, das bei einem unglücklichen Ausgange dieses Kampfes eine blühende Provinz verlieren könnte, die, trotz allen Widerreden von czechischer Seite, zum großen deutschen Reiche, das über kurz oder lang dennoch ein einiges werden wird, nicht nur staatsrechtlich gehört, sondern die mit ihm auch durch tausend innere Fäden verbunden ist, und dann möge die aufrichtige „brüderliche" Theilnahme aller Deutschen im Reich, an dem Geschicke der Deutschen in Böhmen, ja der Deutschen in Oesterreich überhaupt, diese ihre wackeren, für die Sache des Deutschthums eintretenden, Mitbrüder ermuthigen.

Hoffen wir indessen, daß es zu diesem Kampfe nicht nur noch lange nicht, sondern gar nicht komme, daß die Macht der Wahrheit zur Einsicht und diese zur Eintracht zwischen beiden Nationalitäten führen werde. Paaren sich Einsicht und Eintracht, dann werden sich die Bestrebungen der beiden Nationalitäten in dem Wunsche nur nach einem einzigen Siege vereinigen, dem der Cultur und ihrer Blüthe, der Freiheit. Es wird nur einen Kampf geben, den Wettkampf, und, welche von den beiden Nationalitäten dem mütterlichen Haupte des engeren Vaterlandes zuerst den doppelten Siegeskranz der Cultur und Freiheit reicht, diese wird auch von der zweiten nur mit Stolz und ohne Neid die schwesterliche genannt werden.